- 感谢北京工商大学数字商科与首都发展创新中心的资助
- 本书是国家社会科学基金项目"中国经济对外传播话语体系构建与效果评估研究"(24BXW008)的重要研究成果

数字足迹下的用户

社交媒体上的人格识别与内容传播

樊安懿／著

知识产权出版社
全国百佳图书出版单位
—北京—

图书在版编目（CIP）数据

数字足迹下的用户：社交媒体上的人格识别与内容传播／樊安懿著. —— 北京：知识产权出版社，2025.7. —— ISBN 978-7-5245-0051-3

Ⅰ.G206.2；B848

中国国家版本馆 CIP 数据核字第 2025SL4339 号

内容提要

本书深入探讨了如何通过社交网络的数据痕迹识别用户的人格特质，以及这些特质如何影响他们在社交媒体上的内容创造和传播。本书首先介绍人格心理学的基本理论，并探讨社交媒体数据与人格特质之间的关系；其次，利用机器学习、自然语言处理技术等方法，详细分析了从用户的社交网络活动中识别人格特质的过程；再次，通过案例研究和实证分析，揭示了不同人格特质如何影响用户的在线行为，包括内容选择、表达方式和互动模式；最后，对数字人格识别的应用实践进行了探讨。本书可为读者进一步研究数字时代用户的行为以及数字社会的塑造提供参考。

责任编辑：王玉茂	责任校对：潘凤越
封面设计：杨杨工作室·张冀	责任印制：刘译文

数字足迹下的用户
——社交媒体上的人格识别与内容传播

樊安懿　著

出版发行：知识产权出版社有限责任公司	网　　址：http://www.ipph.cn
社　　址：北京市海淀区气象路 50 号院	邮　　编：100081
责编电话：010-82000860 转 8541	责编邮箱：wangyumao@cnipr.com
发行电话：010-82000860 转 8101/8102	发行传真：010-82000893/82005070/82000270
印　　刷：三河市国英印务有限公司	经　　销：新华书店、各大网上书店及相关专业书店
开　　本：720mm×1000mm　1/16	印　　张：12.75
版　　次：2025 年 7 月第 1 版	印　　次：2025 年 7 月第 1 次印刷
字　　数：202 千字	定　　价：80.00 元
ISBN 978-7-5245-0051-3	

出版权专有　侵权必究

如有印装质量问题，本社负责调换。

前　言

在数字文明席卷全球的今天，社交媒体已演变为人类精神世界的镜像宇宙。每天数以百亿计的文字、图像与交互信息，在虚拟空间编织出比现实世界更密集的人格图谱。这些持续生长的数字足迹，既是现代人精神活动的无意识记录，也构成了解码心理特质的全新密码本。本书尝试在技术理性与人文价值的张力场中，探寻一个根本性命题：当人格识别从心理学实验室迁移至算法驱动的社交平台，当情感表达异化为数据优化的传播策略，我们该如何在技术狂飙中守护人性的本质？

社交媒体的进化史本质上是人类自我呈现方式的技术重构史。从简单的信息分享平台到复杂的社会认知系统，数字空间不仅改变了人际互动的时空尺度，更重塑了人格特质的表达路径与观测维度。传统心理学依赖的问卷调查与实验观察，在社交媒体创造的持续性行为流面前，显露出方法论层面的时代局限。这种局限催生了计算社会科学的范式革命——通过机器学习解析非结构化数据，通过神经网络捕捉动态行为模式，人格研究正经历从截面观察到全息透视的认知跃迁。

本书的理论建构始于对数字空间心理机制的探寻。在情绪驱动与认知过滤的双重路径模型中，社交传播呈现出情感唤醒与理性判断的动态博弈场。这种博弈既受个体人格特质的支配，又被平台算法的技术逻辑持续形塑。当大五人格理论遭遇社交媒体行为分析，传统心理量表划分的静态人格维度，在数字环境中展现出传播效能差异。开放性人格如何成为知识扩散的天然枢纽？神经质特质为何会催化特定情绪的病毒式传播？这些问题在行为数据的持续喂养下，逐渐显露出清晰的解释路径。

跨学科方法论的融合创新是本书的核心特征。自然语言处理（NLP）技术对文本情感密度的测量、机器学习模型对行为模式的聚类分析、社会网络理论对传播路径的拓扑建模——这些技术工具的组合应用，使数字足迹转化为可计算的人格参数。但技术突破始终伴随着伦理拷问，当人格识别算法穿透用户的心理防御机制，当情感计算模型预判个体的行为倾向，这种认知穿透力是否逾越了技术应用的合理边界？本书在展示分析方法论突破的同时，始终保持对技术伦理的批判性审视。

在实践维度，数字人格技术的应用场景呈现多向度的可能性。舆情管理系统通过人格聚类预判信息扩散的热点轨迹，教育平台依据学习者的数字行为特征定制知识传递方案，公共健康监测系统从社交文本中捕捉心理危机的早期信号。这些实践创新的可能性说明，人格计算模型有机会重塑社会管理的技术基底，但应用过程中的文化适应性困境、算法偏见放大效应以及数字身份异化风险，也时刻提醒我们技术赋能必须与伦理约束同步进化。

本书的篇章结构遵循"认知重构—方法创新—实践反思"的逻辑脉络。第一部分探讨社交媒体行为分析的心理机制基础，剖析数字环境如何重塑人格呈现的边界；第二部分基于计算社会科学的方法，在有限的数据条件下构建人格识别模型，涵盖数据采集、模型构建到传播机制解析的全流程；第三部分则致力于探索技术应用的现实可能性与伦理约束框架，并在技术乐观主义与批判理性主义之间寻找平衡支点。

在这场数字人格的解码之旅中，我们既惊叹于技术穿透认知黑箱的卓越能力，也警惕着算法殖民精神世界的潜在风险。当社交平台的推荐系统比挚友更懂人们的情绪波动，当人工智能的心理评估比医生更快识别抑郁倾向，这种技术赋能究竟是解放人性的福音，还是消解主体性的危机？本书通过构建"技术—心理—伦理"的三维分析框架，试图在工具理性与价值理性的张力中，找寻数字文明时代人格研究的航向标。

本书最终指向的不仅是学术范式的创新，更是对技术化生存的哲学回应。在数字人格与真实自我持续交融的当下，我们需要重新定义人性的技术适应性——既不被算法逻辑完全同化，也不陷入反技术乌托邦的怀旧陷阱。这种平衡的艺术，要求研究者在开发人格识别模型时保持对文化多样性的敬畏,在设计传播策略时预留用户自主性的缓冲空间,在追求预测准确率时守护不可量化的精神尊严。

  谨以本书为媒介,邀请读者共同参与这场关于数字人性的思想实验。无论您是执着于理论突破的学者、深耕技术应用的工程师,还是关注社会影响的政策制定者,都能在本书构建的跨学科对话场域中找到共鸣。当我们学会在数据流中辨识人性的温度,在算法中保留道德的重量,或许就能找到数字文明时代最珍贵的答案:技术终将服务于人的主体性成长,而非成为异化人性的数字牢笼。

目　　录

第一部分　理论基础
——社交媒体行为中的心理机制与人格特质

第1章　社交媒体的心理呈现 / 3

1.1　情绪驱动与认知过滤：社交网络信息传播的双重路径 / 3
 1.1.1　情绪驱动的差异化效能：从传播激发到影响分化 / 5
 1.1.2　情绪驱动的外显化表达：从生理唤醒到圈层共振 / 6
 1.1.3　认知过滤的内隐性调控：从启发式偏见到防御性排斥 / 6
 1.1.4　双重路径的博弈与社交网络的技术性催化 / 7
 1.1.5　双重路径模型的实践映射 / 8

1.2　大五人格的传播效能：特质驱动与行为分化 / 9
 1.2.1　大五人格的理论基础 / 9
 1.2.2　人格特质对信息传播的影响 / 10

1.3　社交媒体如何重塑人格呈现的边界 / 12
 1.3.1　技术赋能的表演性人格：从后台私域到前台的策略化展演 / 12
 1.3.2　算法驱动的圈层区隔：从开放社交到封闭的信息茧房 / 13
 1.3.3　失控的身份流动性：从自我建构到系统操控的悖论 / 14

第2章　人格识别的科学演进 / 16

2.1　从传统量表到数据驱动：人格测量的范式转型 / 16

2.2 社交媒体数据的特殊性：人格测量的新范式与困境 / 20
　　2.2.1 非结构化数据：从噪声中提取人格信号 / 20
　　2.2.2 动态性数据：人格的时空演化图谱 / 22
　　2.2.3 多模态数据：人格的全息拼图 / 23
2.3 伦理争议：心理评估的隐蔽性与知情权 / 24
　　2.3.1 隐蔽性：黑箱操作与认知剥削 / 24
　　2.3.2 知情权：从形式同意到实质赋权 / 25
　　2.3.3 隐蔽性与知情权的平衡术：伦理框架与技术路径 / 26

第二部分　分析框架
——人格识别的计算模型与传播机制解析

第3章　数字足迹的采集与分析技术 / 29

3.1 自然语言处理在人格识别中的应用 / 29
　　3.1.1 人格外化机制与自然语言处理观测路径 / 30
　　3.1.2 社交媒体数据的双重属性解析 / 32
　　3.1.3 中文人格计算模型的技术瓶颈 / 35
3.2 人格识别机器学习模型的构建与验证 / 37
　　3.2.1 模型构建 / 37
　　3.2.2 数据收集 / 43
　　3.2.3 模型训练与验证 / 49

第4章　人格特质对信息传播行为的影响 / 54

4.1 人格特质与情绪效价 / 54
　　4.1.1 多维情绪理论 / 54
　　4.1.2 信息中的情绪效价 / 56
　　4.1.3 情绪效价识别 / 62
　　4.1.4 外向性人格的情绪效价偏好 / 67
　　4.1.5 神经质性人格的情绪效价偏好 / 69

4.1.6 开放性人格的情绪效价偏好 / 71
   4.1.7 宜人性人格的情绪效价偏好 / 73
   4.1.8 尽责性人格的情绪效价偏好 / 75
   4.1.9 基于人格特质的信息传播情绪效价模型 / 77
 4.2 人格特质与情绪唤醒度 / 79
   4.2.1 信息中的情绪唤醒度 / 79
   4.2.2 外向性人格的情绪唤醒度偏好 / 81
   4.2.3 神经质性人格的情绪唤醒度偏好 / 82
   4.2.4 开放性人格的情绪唤醒度偏好 / 83
   4.2.5 宜人性人格的情绪唤醒度偏好 / 85
   4.2.6 尽责性人格的情绪唤醒度偏好 / 87
   4.2.7 基于人格特质的信息传播情绪唤醒度模型 / 88
 4.3 人格特质与文本抽象度 / 90
   4.3.1 文本的抽象度表征 / 90
   4.3.2 文本抽象度计算 / 93
   4.3.3 外向性人格的抽象度偏好 / 99
   4.3.4 神经质性人格的抽象度偏好 / 101
   4.3.5 开放性人格的抽象度偏好 / 102
   4.3.6 宜人性人格的抽象度偏好 / 104
   4.3.7 尽责性人格的抽象度偏好 / 105
   4.3.8 基于人格特质的信息传播文本抽象度模型 / 107

第三部分 应用与挑战
——从理论到实践的跨越

第5章 数字人格识别的应用潜力 / 113

 5.1 舆情管理：人格聚类与信息扩散路径建模 / 113
   5.1.1 人格聚类模型构建：从心理特质到传播圈层划分 / 113
   5.1.2 人格—路径耦合模型：特质如何塑造信息扩散网络 / 115

5.1.3 人格导向的舆情干预：从预测到治理的闭环策略 / 121
5.1.4 对抗性人格聚类：虚假信息传播者的隐蔽策略识别 / 127

5.2 心理健康：数字行为中的风险信号识别与早期干预系统 / 131
5.2.1 心理健康风险的数字化标记：从行为数据到心理画像 / 131
5.2.2 分级干预系统的设计：从机器预警到人工介入的协同路径 / 137
5.2.3 技术赋能的双刃剑：隐私、误判与过度依赖风险 / 140
5.2.4 特殊群体视角：青少年与边缘人群的心理健康干预特殊性 / 143

5.3 教育革新：学习者人格适配的个性化教学方案 / 147
5.3.1 人格特质驱动的学习风格解析与教学策略设计 / 147
5.3.2 技术赋能的人格适配系统：从数据采集到动态调整 / 150
5.3.3 人格导向教育的伦理边界与教师角色重构 / 153

5.4 公共管理：人格特质驱动的政策传播与舆情治理 / 154
5.4.1 人格特质与政策接受度的关联模型构建 / 154
5.4.2 人格画像驱动的精准化政策传播策略 / 157
5.4.3 人格特质在危机舆情治理中的双刃剑效应 / 160

第6章 伦理与技术的博弈 / 165

6.1 算法偏见：人格识别中的文化敏感性 / 165
6.1.1 核心概念解读 / 165
6.1.2 偏见生成机制的多层级解构 / 168
6.1.3 技术治理的创新路径 / 171
6.1.4 技术乌托邦：文化敏感性能否完全转化为可计算变量 / 175
6.1.5 后殖民视角：全球科技公司文化中立性宣称背后的知识霸权 / 178

6.2 主体性消解：数字人格与真实人格的错位危机 / 181
6.2.1 算法操控下的自我呈现扭曲 / 181
6.2.2 认知失调中的身份碎片化 / 184
6.2.3 社交验证闭环中的主体性坍缩 / 187
6.2.4 数字主体性重建 / 189
6.2.5 文化基因的数字化突变 / 191

第一部分　理论基础

——社交媒体行为中的心理机制与人格特质

第 1 章
社交媒体的心理呈现

1.1 情绪驱动与认知过滤：
社交网络信息传播的双重路径

社交网络的出现，大大提升了信息传播的效率，丰富了信息传播的内容。与之同时，信息传播的影响因素也愈发复杂。社交网络是一个开放的社会系统，身处其中的用户被环境中的信息所影响。当环境中充满大量复杂不确定的信息时，不同用户的处理方式千差万别。实际上，这种差别反映了用户的个人特征，比如有限理性、偏见、信念等。[1] 此外，有研究发现，社交圈群认同、群际情绪感染等对信息传播行为有重要影响。[2]

在传播学相关研究中，情绪是一个被学者们广泛关注的话题。[3] 一方面，情绪影响人们的注意力集中方向，促使人们避开或寻找某类信息；另一方面，情绪影响人们的感知和思考，给人们的判断、决定和记忆涂上色彩。有学者发现，信息所带有的情绪是其传播过程中的重要影响要素，能

---

[1] 张文慧，张志学，刘雪峰. 决策者的认知特征对决策过程及企业战略选择的影响 [J]. 心理学报，2005，37 (3)：373-381.

[2] 熊励，郭慧梅. 基于动机认知理论的突发事件网络信息分享行为影响因素研究 [J]. 情报杂志，2021，40 (5)：125-131.

[3] LOPATOVSKA I, ARAPAKIS I. Theories, methods and current research on emotions in library and information science, information retrieval and human-computer interaction [J]. Information Processing & Management, 2011, 47 (4): 575-592.

够在传播与接收过程中诱发相关人员的情绪反应。[1] 大量文献为情绪在网络信息传播过程中的作用提供了理论和实践上的证据。有学者认为情绪在与人们的注意、记忆构建和决策能力相关的过程中具有重要作用。[2] 由于带有情绪的信息能够产生一定程度的"情绪刺激",人们对情绪信息的敏感性显著高于对没有情绪内容的信息的敏感性。[3] 有研究发现用户在面对情绪信息的刺激时,其信息加工能力比面对非情绪信息时有所提高,因此会投入更多的注意资源。[4][5] 此外,还有研究发现,包含情绪的信息比没有情绪的信息更具交际性。人们通过在社交网络上传播带有情绪属性的内容,可以减少心理压力,或加深与处在相同网络中的其他人的社会联系。因此,带有情绪的信息可能特别具有传染性。[6][7]

有学者研究发现,信息传播过程中情绪发挥的作用不仅来源于信息的情绪本身,同时还是一个人与信息发送者产生共鸣的表现。[8] 信息接收者可能因为感知和理解信息发送者的情绪,从而与信息内容产生强烈的共鸣,[9] 这将促使他们通过转发行为来表达情感支持。[10] 换言之,信息本身带

---

[1] CHEN K J, KIM J, LIN J S. The effects of affective and cognitive elaborations from Facebook posts on consumer attitude formation [J]. Journal of Consumer Behaviour, 2015, 14 (3): 208-218.

[2] SCHOEFER K, ENNEW C. The impact of perceived justice on consumers' emotional responses to service complaint experiences [J]. Journal of Services Marketing, 2005, 19 (5): 261-270.

[3] PHELPS E A, LING S, CARRASCO M. Emotion facilitates perception and potentiates the perceptual benefits of attention [J]. Psychological Science, 2006, 17 (4): 292-299.

[4] GRAY K L H, ADAMS W J, HEDGER N, et al. Faces and awareness: low-level, not emotional factors determine perceptual dominance [J]. Emotion, 2013, 13 (3): 537-544.

[5] SCHMIDT L J, BELOPOLSKY A V, THEEUWES J. Attentional capture by signals of threat [J]. Cognition and Emotion, 2015, 29 (4): 687-694.

[6] BERGER J, MILKMAN K L. What makes online content viral? [J]. Journal of Marketing Research, 2012, 49 (2): 192-205.

[7] WILSON A E, GIEBELHAUSEN M D, BRADY M K. Negative word of mouth can be a positive for consumers connected to the brand [J]. Journal of the Academy of Marketing Science, 2017, 45 (4): 534-547.

[8] PETTY R E, CACIOPPO J T. The elaboration likelihood model of persuasion [M] //Communication and Persuasion. New York: Springer, 1986: 1-24.

[9] LEE J, HONG I B. Predicting positive user responses to social media advertising: the roles of emotional appeal, informativeness, and creativity [J]. International Journal of Information Management, 2016, 36 (3): 360-373.

[10] PETERS K, KASHIMA Y. From social talk to social action: shaping the social triad with emotion sharing [J]. Journal of Personality and Social Psychology, 2007, 93 (5): 780-797.

有的情绪和人们自身某些属性的交互作用能够影响信息的传播。

1.1.1 情绪驱动的差异化效能:从传播激发到影响分化

有研究发现,悲伤的情绪可能唤起一种调整策略。在这种策略中,人们更倾向于处理带有积极情绪的信息,因为这样做可以潜在地提高自身情绪的积极性。如果本身情绪较为消极的参与者被展示一个中性或消极情绪的信息,他们则会避免获取和处理信息,因为这类信息并不能够提升他们的情绪。因此,情绪消极的参与者很少有动力处理非正面信息。[1] 换言之,消极情绪会使人保持低水平的信息处理意愿和处理效率,如果待处理的信息足够积极,就能够潜在地修复他们的负面情绪。

相应地,也有研究发现,相比较积极情绪,低落的情绪促使参与者使用系统信息处理,而忽略启发式处理。[2][3] 然而,积极情绪对人启发式信息处理的积极影响仅体现在积极信息和中性信息中;当待处理的信息带有消极情绪时,人自身的积极情绪和信息处理灵活性之间的高度关联不再存在。这与学者艾森(Isen)和西蒙兹(Simmonds)的研究发现是一致的:相对于中性对照组,如果任务中包含了令人振奋的信息,积极的人会更多地帮助别人;但如果任务中包含了让人情绪低落的信息,积极的人会较少地帮助别人。他们认为,积极的人避免负面信息的动机在于保持他们的积极状态。[4] 大量的研究证据表明,积极情绪会使人更谨慎地接触负向情绪效价的信息,例如,艾森(Isen)和克拉克(Clark)等学者研究发现,处

---

[1] HERTEL P T, HARDIN T S. Remembering with and without awareness in a depressed mood: evidence of deficits in initiative [J]. Journal of Experimental Psychology: General, 1990, 119 (1): 45-59.

[2] DASH S R, DAVEY G C L. An experimental investigation of the role of negative mood in worry: the role of appraisals that facilitate systematic information processing [J]. Journal of Behavior Therapy and Experimental Psychiatry, 2012, 43 (2): 823-831.

[3] GIERUS J. Information processing and decision-making in pathological worriers and their potential role in mechanisms of generalized anxiety disorder [J]. Advances in Cognitive Psychology, 2020, 16 (4): 344-352.

[4] ISEN A M, SIMMONDS S F. The effect of feeling good on a helping task that is incompatible with good mood [J]. Social Psychology, 1978, 41 (4): 346-349.

于积极情绪的人会尽量避开负向情绪效价的信息,除非信息本身是紧迫或重要的,❶ 或与其有较高的自我相关性。❷ 此外,有证据表明,积极的情绪能够促进人们的多样性寻求意愿。迁移到信息行为领域,更强烈的多样性寻求意愿往往能够引起更多的信息浏览、转发等行为。然而,如果环境信息中有显著的消极内容,积极情绪与多样性寻求意愿的正向联系则不再显著。❸

1.1.2 情绪驱动的外显化表达:从生理唤醒到圈层共振

社交网络中的情绪驱动机制通常通过两类外显化路径实现信息扩散。

(1) 生物本能层面的自动化反应

高唤醒情绪(如愤怒、惊喜)可激活杏仁核与前额叶皮层的快速神经响应,导致用户在未完成深度认知加工前即触发转发行为。例如,恐怖袭击事件的血腥画面通过激发恐惧情绪,引发"战或逃"生理反应,促使信息在极短时间内实现指数级传播。此类传播符合进化心理学中的威胁优先原则——人类对危险信号的敏感性远超中性信息。

(2) 社会资本层面的符号化动员

情绪传播常被用作圈层身份标识。当用户转发带有特定情绪基调的内容(如对性别歧视事件的集体愤怒),实则是向所属社群发送身份认同信号,这种"情绪表演"行为在亚文化群体(如粉丝圈层、环保组织)中尤为显著,情绪标签成为划分群体边界的符号工具,推动信息在封闭网络内高频扩散。

1.1.3 认知过滤的内隐性调控:从启发式偏见到防御性排斥

用户的认知系统通常通过三层过滤机制对情绪化信息进行选择性

---

❶ ISEN A M, SHALKER T E, CLARK M, et al. Affect, accessibility of material in memory, and behavior: a cognitive loop? [J]. Journal of Personality and Social Psychology, 1978, 36 (1): 1–12.

❷ TROPE Y, POMERANTZ E M. Resolving conflicts among self-evaluative motives: positive experiences as a resource for overcoming defensiveness [J]. Motivation and Emotion, 1998, 22 (1): 53–72.

❸ ESTRADA C A, YOUNG M J, ISEN A M. Positive affect influences reported source of practice satisfaction in physicians [C] //Clinical Research. Slack Inc, 1992, 40 (3): A768–A768.

处理。

（1）注意力资源的竞争性分配

认知负荷理论指出，用户在处理社交信息时存在注意力瓶颈。当信息流中同时出现情绪化内容（如明星八卦）与认知密集型内容（如政策解读）时，有限理性迫使用户优先选择低认知成本的情绪信息，形成"娱乐至死"的信息消费倾向。

（2）情感一致性启发式

用户倾向于采纳与当前情绪状态匹配的信息，而排斥情感冲突内容，此现象被称为情绪同质化筛选。例如，抑郁症患者更易关注社交媒体中的负面情感叙事，并主动屏蔽励志类内容，形成认知负反馈循环。

（3）意识形态的防御性过滤

深层次的信念系统（如政治立场、宗教价值观）构建了认知防火墙。例如，保守主义用户对自由主义观点的情绪化驳斥往往并非基于事实核查，而是源于认知失调规避。这种过滤机制在争议性议题（如疫苗接种、种族平等）中表现尤为突出，导致信息传播的极端化割裂。

1.1.4　双重路径的博弈与社交网络的技术性催化

情绪驱动与认知过滤的交互本质上是本能与理性的角力，而社交平台的技术特性加剧了这一博弈的复杂性。

（1）平台界面的情绪助推设计

交互设计中的"点赞"等情绪化按钮将复杂情感简化为离散符号，诱导用户以情绪宣泄替代理性表达。

（2）算法推荐

基于情感分析的推送策略（如优先展示高争议内容）不断刺激用户的边缘系统，抑制前额叶皮层的认知控制功能。

（3）碎片化语境下的认知降级

社交媒体限定的字符数与短视频格式迫使信息传播趋向情绪浓缩表达，用户被迫依赖启发式处理（如标签联想、表情包解读）而非系统性分析。这种"认知降级"现象使情绪驱动路径占据主导地位。

（4）圈层闭环中的过滤极化

群组功能通过技术手段强化认知过滤效应，形成信息同温层。圈层内部的情绪共振（如集体愤怒）与外部信息的系统性排斥（如事实核查报告）共同作用，最终导致双重路径的恶性循环——情绪驱动加速圈层内传播，认知过滤阻断跨圈层对话。

1.1.5 双重路径模型的实践映射

2024年引发广泛争议的"胖某与谭某情感纠纷事件"，为社交网络中情绪驱动与认知过滤的双重路径提供了典型范本。

（1）情绪驱动主导期

这一阶段主要体现为道德愤怒的病毒式扩散。事件初期，"胖某跳江""谭某捞女"等标签触发公众对"情感剥削"的集体愤怒。高唤醒情绪（如对"弱势方"的同情、对"拜金行为"的谴责）通过微博超话、短视频平台迅速扩散，形成情绪共振链。用户转发行为高度依赖情感直觉，大量未经核实的细节被当作事实传播，认知过滤机制因情绪过载而失效。情绪驱动发展为道德审判的符号化对抗。支持"胖某"的网民以"蜡烛""心碎"表情刷屏，构建"纯爱战士"悲情叙事；谴责"谭某"的网民则通过"捞女""吸血鬼"等标签发动网络暴力。此时，情绪驱动下，理性讨论空间被压缩至近乎消失。

（2）认知过滤主导期

一是认知框架下的选择性采信。随着警方通报与转账记录公开，补充和更正信息出现。然而，用户基于既有信念（如性别对立立场、阶层固化焦虑）对信息进行防御性过滤。一部分群体坚持"男性受害者"叙事，将警方通报视为"体制包庇"，继续转发"胖某姐姐直播哭诉"等情感化内容；另一部分群体聚焦"谭某"遭遇的人肉搜索，选择性放大"网络暴力致死风险"议题，回避对其经济纠纷的客观讨论。

二是信息茧房中的认知闭环。算法推荐加剧认知过滤效应。社交媒体根据用户情绪和立场推送同质化内容，形成信息同温层（如女权社群集中传播"谭某"辟谣帖，男权社群持续转发"胖某"亲属控诉视频）。这种过滤机制导致群体间对话断裂，情绪驱动初期激发的道德愤怒被固化为认知刚性立场。

该事件表明,社交网络舆论场的演化遵循"情绪驱动引爆→认知过滤固化"的双阶段模型。在前爆发期,情绪驱动主导,认知系统被高唤醒情绪压制,信息传播呈现非理性、病毒式特征;在后爆发期,认知过滤主导,用户依据预设立场重构叙事,形成对抗性真相版本。

1.2 大五人格的传播效能:特质驱动与行为分化

1.2.1 大五人格的理论基础

人格是人的心理现象的重要构成部分,一般是指个体的精神面貌,包括思维、情感和行为模式,以及背后隐藏的心理机制。[1] 在一般情况下,个体的人格是稳定而可预测的。人格作为个体稳定的行为模式与内部心理过程,常反映在日常生活的各个方面,具有跨情境的稳定性。[2]

人格特质是人格组成的基本因素,是个体在不同时间和情境中持久稳定地保持相对一致的行为倾向。[3] 作为个体的核心特征,人格特质反映了个体对环境反应跨情境的一致性行为模式。[4] 人格特质的相关研究起源于20世纪40年代的美国,代表人物有美国心理学家高尔顿·维拉德·奥尔波特(Gordon Willard Allport)和雷蒙德·B. 卡特尔(Raymond Bernard Cattell)。两位心理学家均认为,人格由多种特质构成。在对人格特质的分析中,他们并未将人格划分为绝对化的类型,而是主张每个人都具备这些特质,只是不同特质在个体身上的表现程度存在差异,由此形成了个体间

---

[1] FUNDER D C. The personality puzzle [M]. London: W. W. Norton, 1997: 9-11.

[2] ALLPORT G W. Personality: a psychological interpretation [J]. American Journal of Sociology, 1937.

[3] MCCRAE R R, COSTA JR P T. Personality trait structure as a human universal [J]. American Psychologist, 1997, 52 (5): 509-516.

[4] SIMON S S, VARANGIS E, STERN Y. Associations between personality and whole-brain functional connectivity at rest: evidence across the adult lifespan [J]. Brain and Behavior, 2020, 10 (2): e01515.

的人格区别。鉴于大五人格模型在人格特质描述上具有普适性、稳定性与概括性，[1] 且在学界具有公认的权威性，笔者选择运用该模型对人格特质进行量化分析。

1.2.2 人格特质对信息传播的影响

人格特质影响了大多数人类行为，包括信息行为。[2] 学者们对社交网络用户的大五人格倾向与其信息传播行为之间的关系进行了研究，发现大五人格框架下不同特质的用户在社交网络信息传播过程中有显著差异。[3][4][5] 基于社交媒体的大量研究反复证实了这一发现，[6][7][8][9] 包括在社交网站和其他社交媒体上使用或披露信息的动机、[10][11] 社交媒体成瘾[12]和移动社交网络使

---

[1] 李涛，张文韬. 人格特征与股票投资 [J]. 经济研究，2015，50（6）：103－116.
[2] LEUNG S－K，BOND M H. Interpersonal communication and personality：self and other perspectives [J]. Asian Journal of Social Psychology，2001，4（1）：69－86.
[3] AMICHAI－HAMBURGER Y. Internet and personality [J]. Computers in Human Behavior，2002，18（1）：1－10.
[4] YEE N，HARRIS H，JABON M，et al. The expression of personality in virtual worlds [J]. Social Psychological and Personality Science，2011，2（1）：5－12.
[5] MARCUS B，MACHILEK F，SCHÜTZ A. Personality in cyberspace：personal web sites as media for personality expressions and impressions [J]. Journal of Personality and Social Psychology，2006，90（6）：1014－1031.
[6] MEHDIZADEH S. Self－presentation 2.0：narcissism and self－esteem on Facebook [J]. Cyberpsychology，Behavior，and Social Networking，2010，13（4）：357－364.
[7] ORR E S，SISIC M，ROSS C，et al. The influence of shyness on the use of Facebook in an undergraduate sample [J]. Cyberpsychology & Behavior，2009，12（3）：337－340.
[8] GOSLING S D，AUGUSTINE A A，VAZIRE S，et al. Manifestations of personality in online social networks：self－reported Facebook－related behaviors and observable profile information [J]. Cyberpsychology，Behavior，and Social Networking，2011，14（9）：483－488.
[9] HAMBURGER Y A，BEN－ARTZI E. The relationship between extraversion and neuroticism and the different uses of the Internet [J]. Computers in Human Behavior，2000，16（4）：441－449.
[10] AMICHAI－HAMBURGER Y，VINITZKY G. Social network use and personality [J]. Computers in Human Behavior，2010，26（6）：1289－1295.
[11] CORREA T，HINSLEY A W，GIL DE ZUNIGA H. Who interacts on the web? the intersection of users' personality and social media use [J]. Computers in Human Behavior，2010，26（2）：247－253.
[12] BLACKWELL D，LEAMAN C，TRAMPOSCH R，et al. Extraversion，neuroticism，attachment style and fear of missing out as predictors of social media use and addiction [J]. Personality and Individual Differences，2017，116：69－72.

用倾向[1]等。

有学者研究发现,人格特质与用户在新闻网站上发表评论的意愿相关,[2] 也与用户在状态更新或评论部分所写的主题相关。[3] 施瓦兹(Schwartz)等人的一项研究表明,个人性格特征与 Facebook 状态更新中特定词汇的使用有关:高神经质性用户更频繁地使用脏话和表达负面情绪的词汇;而亲和性高的人使用脏话的频率较低,使用表达积极情绪的词语的频率较高。[4] 对于博客或微博,有学者发现外向性高的社交网络用户更喜欢使用微博来缓解存在焦虑。[5] 施瓦兹(Schwartz)等人研究发现,社交网络用户人格特质与其传播信息的主题高度相关,例如,高开放性的用户喜欢传播有关派对的信息,高宜人性的社交网络用户喜欢传播与体育、休闲相关的信息。[6] 万丹琳等人研究发现社交网络用户的神经质性与其传播信息中包含愤怒情绪词语的概率呈正相关,表明神经质性人格特质对社交网络中愤怒情绪的传播有显著影响,该研究还发现愤怒情绪的传播与外向性人格特质呈负相关,外向性高的社交网络用户往往较少表达愤怒情绪。[7]

---

[1] BUTT S, PHILLIPS J G. Personality and self reported mobile phone use [J]. Computers in Human Behavior, 2008, 24 (2): 346-360.

[2] WU T-Y, ATKIN D. Online news discussions: exploring the role of user personality and motivations for posting comments on news [J]. Journalism & Mass Communication Quarterly, 2017, 94 (1): 61-80.

[3] MARSHALL T C, LEFRINGHAUSEN K, FERENCZI N. The Big Five, self-esteem, and narcissism as predictors of the topics people write about in Facebook status updates [J]. Personality and Individual Differences, 2015, 85: 35-40.

[4] SCHWARTZ H A, EICHSTAEDT J C, KERN M L, et al. Personality, gender, and age in the language of social media: the open-vocabulary approach [J]. PLoS One, 2013, 8 (9): e73791.

[5] QIU L, LEUNG A K Y, HO J H, et al. Understanding the psychological motives behind microblogging [J]. Studies in Health Technology and Informatics, 2010, 154: 140-144.

[6] SCHWARTZ H A, EICHSTAEDT J C, KERN M L, et al. Personality, gender, and age in the language of social media: the open-vocabulary approach [J]. PLoS One, 2013, 8 (9): e73791.

[7] WAN D, ZHANG C, MING W, et al. Personality prediction based on all characters of user social media information [C]. Chinese National Conference on Social Media Processing, Springer Berlin Heidelberg, 2014.

1.3 社交媒体如何重塑人格呈现的边界

社交媒体的崛起不仅改变了信息传播的方式,更深刻重构了个体人格呈现的边界。在传统社会中,人格表达受限于物理空间与社会规范,呈现相对稳定的"固态身份";而在数字化的社交平台中,人格成为一种可编辑、可表演、可流动的"液态存在"。这种边界的消解与重构,本质上是技术逻辑、社会互动与个体认知三者博弈的结果。本节从技术赋能的表演性人格、算法驱动的圈层区隔与失控的身份流动性三个维度,揭示社交媒体对人格呈现边界的动态重塑。

1.3.1 技术赋能的表演性人格:从后台私域到前台的策略化展演

拟剧理论将社会互动视为一场舞台表演,个体通过"前台"塑造理想化形象,而"后台"则保留真实自我。然而,社交媒体的技术特性彻底打破了这一二元分割,使人格呈现进入"全前台化"时代。

(1) 平台架构对表演行为的制度化诱导

一是界面设计的表演脚本化。社交媒体通过功能设计为用户提供标准化表演模板。例如,朋友圈的"九宫格"排版暗示用户需精心筛选生活片段,构建"精致人生"叙事;短视频平台的"挑战赛"机制则鼓励用户模仿流行行为(如"变装""对口型"),以换取流量奖励。这种设计实质上是将人格呈现转化为可量化的"表演竞赛"。

二是数据可见性对自我审查的强化。点赞、转发、粉丝数等公开指标构成"数字化观众"的凝视,迫使个体持续优化表演策略。这种"数据驱动的自我规训"使真实人格逐渐让位于"算法友好型人格"。

(2) 液态身份的多重分身实践

一是平台分化的角色扮演。用户在不同平台构建差异化人格分身,例如微信中的"职场精英"、微博中的"正义斗士"、小红书中的"生活美学家"。这种"人格碎片化"并非精神分裂,而是基于平台受众特征的策略性调整。例如,Z世代在抖音上以"搞笑达人"形象获取关注,在知乎则以"知识分享者"身份积累文化资本。

二是虚拟身份的情感代偿。社恐群体在匿名社交平台中塑造外向型虚拟人格,通过文字互动弥补现实社交缺陷。这种"补偿性表演"虽缓解了即时焦虑,却可能加剧线上线下的认知割裂。

(3)案例:网红经济的表演异化

以李某琦为代表的直播主播,其人格呈现已彻底商品化。"所有女生"的亲昵称呼、"OMG"的夸张语气,均经过流量检验。一旦表演偏离用户预期(如"眉笔事件"中的情绪失控),人设即刻崩塌。这种案例揭示,当人格成为流量经济的生产要素时,真实性与表演性的边界已不复存在。

1.3.2 算法驱动的圈层区隔:从开放社交到封闭的信息茧房

社交媒体宣称要"连接所有人",但其算法逻辑实质上是将人格切割为孤立的圈层单元。"区隔"理论在此被技术化升级,用户的品位、价值观等皆成为算法分类的标签。

(1)兴趣图谱对人格认知的窄化

一是算法推荐的认知驯化。平台通过协同过滤(如"猜你喜欢")不断强化用户既有偏好。例如,多次点击"星座解析"的用户会被推送更多神秘主义内容,逐渐形成"宿命论"认知倾向。这种"投喂逻辑"压缩了人格发展的多元可能性。

二是群体极化的身份绑定。微博超话、豆瓣小组等封闭社区通过算法将相似用户聚合,形成"回音壁效应"。

(2)圈层符号的边界建构

一是语言风格的身份标识。不同圈层发展出独特的符号体系,例如二次元群体的"弹幕黑话"(如"awsl""蚌埠住了")、财经博主的中英混杂术语(如"β收益""all in")。这些语言符号既是交流工具,更是圈层准入的"人格通行证"。

二是视觉符号的区隔功能：Instagram 中的"Ins 风"家居、小红书的"氛围感穿搭"，通过美学符号划分阶层与人格类型。用户若不遵循特定视觉规范，将被算法判定为"低价值内容"而失去曝光机会。

（3）案例：性别对立的算法助推

微博"女权"与"男权"超话的推荐算法，持续向用户推送对立阵营的极端言论。一名原本持温和立场的用户，因偶然点赞某女权帖文，便被持续推送"厌男"内容，最终自我认同为激进女权主义者。此过程显示，算法不仅反映人格倾向，更能主动塑造人格边界。

1.3.3 失控的身份流动性：从自我建构到系统操控的悖论

社交媒体赋予用户前所未有的自我表达权，但技术系统的隐性操控使人格呈现陷入"自由的牢笼"。用户越是努力建构理想身份，越可能沦为平台资本与数据权力的傀儡。

（1）数据物化与自我客体化

一是人格的数字肢解。用户的点赞、停留时长、搜索记录被拆解为数百个数据标签（如"宠物爱好者""焦虑倾向"）。这些标签经机器学习重组，生成比用户更"了解自己"的人格画像。例如，网易云音乐的"年度听歌报告"常令用户惊呼"这就是我！"。

二是流量逻辑下的自我剥削。为维持人设吸引力，用户不得不持续"生产自我"，例如美食博主日更三餐、知识博主日更书单。这种"表演劳动"实质上是数字资本主义对人格的剥削。

（2）认知失调与身份焦虑

一是多重人格的整合危机。当线上表演人格与线下真实自我差异过大时，用户会陷入认知失调。

二是"消失的第三方"困境。社交媒体缺乏传统社会的"缓冲地带"（如家庭、社区），用户时刻暴露于陌生人评价中。这种持续的社会凝视导致"身份焦虑症候群"。例如，微信朋友圈"三日可见"功能的流行，正是用户对边界失控的防御性反应。

（3）案例：Z世代的"人设保鲜"焦虑

"00后"用户小A在某平台拥有大量粉丝，其"学霸女神"人设需每日发布图书馆打卡视频。为维持人设，她不得不凌晨剪辑视频，导致学业下滑，最终因压力过大删除账号。此类案例揭示，当人格成为可量化资产时，自我呈现从"权利"异化为"义务"。

社交媒体的技术逻辑正在将人格从完整的"自我"解构为可计算、可交易、可优化的数据模块。在这场边界重塑的博弈中，用户既是参与者，也是受害者。未来的核心命题在于：如何在享受技术赋权的同时，捍卫人格的完整性与自主性？这一问题不仅关乎个体心理健康，更决定数字文明的精神底色。

第 2 章

人格识别的科学演进

社交媒体的技术逻辑正以近乎暴力的方式将人格从完整的"自我"解构为可计算、可交易、可优化的数据模块——点赞数成为外向性的标价,发帖频率被视作尽责性的筹码,表情包使用率被换算为宜人性指数。这种"人格的商品化"加剧了技术伦理学者担忧的"自我殖民化"风险:当用户无意识地将人格拆解为算法可识别的数据碎片时,是否意味着人类正在将灵魂的诠释权让渡给技术系统?然而,恰恰是这种解构过程,为重建人格的完整性与自主性提供了新的可能性。通过捕捉、分析并反思社交媒体数据中的人格痕迹,我们得以在技术赋权与人性捍卫之间找到微妙平衡——数据不仅是平台资本攫取价值的工具,更可以成为用户反身性认知的镜面,揭示那些被日常表演所遮蔽的真实自我。

2.1 从传统量表到数据驱动:人格测量的范式转型

由于人格是一个内隐的心理特质,不能被直接观察到,因此必须通过有效的、外显的行为指标来测量。目前,已经发展了相当多的人格测量方法。其中自我报告技术是应用最广泛的方法之一,[1] 但这种方法在参与者

---

[1] DOMINO G, DOMINO M L. Psychological testing: an introduction [M]. New York: Cambridge University Press, 2006: 17–19.

招募和资源消耗方面有相当大的局限性。❶❷ 近年来，随着自然语言处理及机器学习技术的发展，研究人员已经建立了社交网络媒体数据与大五人格的映射关系。这种基于生态化的行为数据，利用机器学习实现用户心理特征自动识别的过程，被称为生态化识别。❸❹

有学者研究发现，根据用户在社交网络中留下的痕迹可以有效识别其人格特质。例如，外向性得分较高的用户与其他社交网络用户建立了广泛的联系，他们在被观察期间与其他用户保持了高频率的交流。在宜人性维度上，高宜人性的社交网络用户较少在非合理时段与其他用户交流。尽责性得分较高的社交网络用户与人交流的时间和频率呈现较高的规律性。高神经质性用户与网友交流的时间、频率等数据则有极高的均方差，并且似乎很少跟随热门话题。在开放性方面，开放性较高的用户参与了较多种类的社交网络话题，并表现出广泛的兴趣。❺

自动化人格识别的主要任务是从计算机可分析的线索推断用户人格。❻自动化人格识别研究常从用户量大的平台入手，Facebook 和 Twitter 以其用户数量大、用户信息丰富，获得了研究者的广泛青睐。❼❽ 有学者发现，通

---

❶ BUCHANAN T, SMITH J L. Using the internet for psychological research: personality testing on the world wide web [J]. British Journal of Psychology, 1999, 90 (1): 125 – 144.

❷ CARLBRING P, BRUNT S, BOHMAN S, et al. Internet vs. paper and pencil administration of questionnaires commonly used in panic/agoraphobia research [J]. Computers in Human Behavior, 2007, 23 (3): 1421 – 1434.

❸ 吴育锋, 吴胜涛, 朱廷劭, 等. 小说人物性格的文学智能分析：以《平凡的世界》为例 [J]. 中文信息学报, 2018, 32 (7): 128 – 136.

❹ LIU M, WU Y, JIAO D, et al. Literary intelligence analysis of novel protagonists' personality traits and development [J]. Digital Scholarship in the Humanities, 2019, 34 (1): 221 – 229.

❺ LIN L, LI A, HAO B, et al. Predicting active users' personality based on micro – blogging behaviors [J]. PLoS One, 2014, 9 (5): e98489.

❻ RAMMSTEDT B, JOHN O P. Measuring personality in one minute or less: a 10 – item short version of the Big Five inventory in English and German [J]. Journal of Research in Personality, 2007, 41 (1): 203 – 212.

❼ TSKHAY K O, RULE N O. Perceptions of personality in text – based media and OSN: a meta – analysis [J]. Journal of Research in Personality, 2014, 49: 25 – 30.

❽ SEGALIN C, CELLI F, POLONIO L, et al. What your Facebook profile picture reveals about your personality [C] //Proceedings of the 25th ACM International Conference on Multimedia, 2017: 460 – 468.

过社交媒体中的图片可以在一定程度上识别用户的人格特质。❶ 微博用户个人简介也进入学者的研究视野，❷ 李昂等利用个人简介（如用户名、个性签名等）和发布文本信息的原创程度对用户的心理健康水平和幸福感进行推断。❸ 有学者通过 Twitter 用户个人信息上的三个特征（即关注者、关注者和列表数）来预测网络用户的个性特征，该研究采用 LIWC 软件对 142 名 Twitter 用户单月发送的文本信息与他们的大五人格测试结果作比较来预测人格对可观察的社交媒体行为的影响。结果显示用户用词与大五人格特质呈中度相关。❹ 有学者采用 IBM Watson 算法，对 152 名 Twitter 用户各 100 条信息进行分析来推断人格特质，之后再用 H2O 深度学习算法优化模型。结果显示，IBM Watson 算法具有明显优势，使用 H2O 深度学习算法识别人格的 RMSE 值比单纯采用的要低，最好的实验结果在责任心和宜人性两个特质取得。❺ 有学者采用监督学习算法，利用 24 名 Twitter 用户发布的文本消息推断他们的人格，将被试的人格特质与计算结果进行比对。结果显示，监督学习算法可在一定程度上预测被试的人格特质。❻

国内学者对社交网络用户的人格特质的研究集中于利用微博这一媒介。娜迪热等利用搜索爬虫算法，从微博获取 76 名用户的数据，采用支持向量机、线性回归、高斯回归等算法对用户的人格特质进行判断。数据分

---

❶ SEGALIN C, CHENG D S, CRISTANI M. Social profiling through image understanding: personality inference using convolutional neural networks [J]. Computer Vision and Image Understanding, 2017, 156: 34 – 50.

❷ LI L, LI A, HAO B, et al. Predicting active users' personality based on micro – blogging behaviors [J]. PLoS one, 2014, 9 (5): e98489.

❸ 李昂，郝碧波，白朔天，等. 基于网络数据分析的心理计算：针对心理健康状态与主观幸福感 [J]. 科学通报，2015，60 (11): 994 – 1001.

❹ QUERCIA D, KOSINSKI M, STILLWELL D, et al. Our twitter profiles, ourselves: predicting personality with twitter [C] //2011 IEEE third international conference on privacy, security, risk and trust and 2011 IEEE third international conference on social computing. Boston: IEEE, 2011: 180 – 185.

❺ GOU L, ZHOU M X, YANG H. Know me and share me: understanding automatically discovered personality traits from social media and user sharing preferences [C] // Proceedings of the SIGCHI Conference on Human Factors in Computing Systems, 2014: 955 – 964.

❻ CARDUCCI G, RIZZO G, MONTI D, et al. TwitPersonality: computing personality traits from tweets using word embeddings and supervised learning [J]. Information, 2018, 9 (5): 127.

析结果显示，用户在微博上留下的文本信息与其人格特质呈中度相关。❶对社交媒体中的文本内容进行分析时，除了使用LIWC软件，也有研究采用"主题模型"进行分析。有研究采用主题划分方法，将691名微博用户发布的280万条信息分为十大主题，并分别对每一主题对用户人格的区分贡献度进行了判断。最终结果显示，事实类主题区分度最低，为0.3，彩票类区分度最高，为0.98。❷

有学者综合过往研究，采用元分析方法比较人类和机器算法在判断目标个体人格特质时哪个更准确。结果发现，机器算法比人类判断更准确，平均准确率高出14%。❸

尽管如此，情报学和传播学领域依然缺少实用的、能够快速识别社交网络用户人格特质的工具。现有基于社交网络信息挖掘的用户人格特质识别模型主要来自计算机领域的研究成果。对于这类研究而言，构建模型、提高识别准确率是研究的核心目标，几乎不存在以识别出的社交网络用户人格特质为解释变量进行后续研究的情况，这意味着模型构建过程并不会对下游任务进行考量。这类模型构建过程通常遵循特征选择、模型训练和模型测试的步骤，全过程建立在给定数据集的基础上。然而，从实践的角度出发，并不是所有的用户人格特质都可以根据其在社交网络中的印记进行推断，必然存在部分用户在某些或全部人格维度上自身倾向不明显，或在其网络信息中表现不明显的情况。把这类用户的社交网络信息特征输入上述模型，其输出结果并没有实际意义，如果不加甄别地以输出结果为解释变量，探索社交网络用户人格特质与其信息行为的关系，势必造成混淆，影响研究结论的可靠性。因此，现有基于社交网络信息挖掘的用户人格特质识别模型不足以支撑研究人员在真实的社交网络中对用户人格特质与其信息行为的关系进行探索。

---

❶ 娜迪热，胡俊. 基于用户社交网络数据的人格倾向性分析及预测模型的建立［J］. 电脑知识与技术，2018，14（7）：6-11.

❷ HU Z, LIU Y, ZHANG C, et al. The analysis of topic's personality traits using a new topic model ［C］//2017 2nd International Conference on Image, Vision and Computing（ICIVC），2017：1079-1083.

❸ SEGALIN C, CELLI F, POLONIO L, et al. What your Facebook profile picture reveals about your personality ［C］//Proceedings of the 25th ACM international conference on Multimedia，2017：460-468.

2.2 社交媒体数据的特殊性：
人格测量的新范式与困境

社交媒体数据作为数字人格的"天然实验室"，其非结构化、动态性与多模态特征既为人格测量提供了前所未有的机遇，也带来了传统心理学方法未曾面临的挑战。本节从这三重特性出发，解析社交媒体数据如何重构人格测量的方法论边界，并回答了一个核心矛盾：为何在数据缺陷显著的情况下，学界仍将其视为人格研究的"富矿"？

2.2.1 非结构化数据：从噪声中提取人格信号

社交媒体数据（如微博文本、朋友圈图片、抖音视频）本质上是非结构化的人类行为痕迹，其无序性、碎片化与传统量表的结构化设计形成鲜明对比。然而，正是这种"混乱"状态，使其更贴近真实人格的自然表达。

（1）非结构化数据的"人格富集性"

在数字化生存的当代社会，用户产生的非结构化数据正成为透视人格特征的新型分析载体。相较于结构化数据的标准化特征，非结构化数据通过其原生性、动态性和多维性，在人格特质的捕捉与表征层面展现出独特的"富集效应"。这种富集性不仅体现在数据维度的指数级扩展，更在于其与心理特质的深层耦合关系——从碎片化的数字痕迹中，可解构出用户稳定的人格图谱。

社交媒体中的非正式语言表达构成人格解码的天然实验场域。当用户沉浸于即时性的社交互动时，其语言输出往往处于前意识状态，这种去抑制化的表达方式使深层人格特质通过"语言微特征"得以显影。认知神经科学的研究表明，人类语言处理系统与人格特质的神经基础存在显著关联，这为语言风格的人格解码提供了生物学依据。

具体而言，语言微特征可细分为三个观测层面：首先是符号系统异常值，高频出现的错别字往往与冲动性人格相关，其错误类型（如音近错误与形近错误）可区分神经质与开放性维度；其次是副语言符号选择，表情包的使用密度与情绪表达需求呈正相关，卡通类表情偏好者在外向性维度显著高于使用极简符号者；最后是语用标记变异，句尾连续感叹号的数量与情感不稳定性存在显著相关性，而句号刻意省略行为则多见于高宜人性用户。

此外，用户的行为痕迹作为"数字身体"的延伸，其时空分布特征与认知模式形成复杂的映射关系。基于海量行为日志的聚类分析显示，行为数据的非结构化特征（如时间熵值、空间离散度、行为序列复杂度）与人格维度存在系统性关联。值得注意的是，非结构化数据的人格解码存在显著的文化特异性。这种文化差异要求算法模型必须纳入地域语义特征修正模块，以避免人格解码的机械化谬误。

（2）非结构化数据的分析困境

在人格计算领域，虽然非结构化数据具备"人格富集性"的先天优势，但其分析过程始终面临噪声污染与语境断裂的双重挑战。这种困境本质源于数字行为与现实心理状态的映射关系存在多重中介变量——算法干预、文化模因传播、人机交互混淆等因素共同构成数据信噪比衰减的传导链条。

非结构化数据池中的人格信号常湮没于系统性噪声之中，这种干扰可细分为三个污染层级：在内容生产端，平台算法通过信息茧房效应持续扭曲用户行为轨迹。以"抑郁症自救指南"转发行为为例，机器学习模型若未剥离算法干预因素，可能将推荐系统的传播热度误判为群体性心理危机信号。在传播路径端，社交媒体的病毒式传播机制催生大量"行为拟态"现象。更严峻的是数据源端污染，大量主流社交平台中的活跃账号背后可能是社交机器人。

为应对噪声干扰，学界发展出数据清洗的对抗训练框架。通过生成对抗网络（GAN）构建噪声模拟器，训练分类器识别广告推送、机器账号等污染源特征，能在一定程度上区分用户主动行为（如深夜自发点赞）与被动响应行为（如信息流快速滑动时的误触）。但该技术仍存在显著局限——当算法推送内容与用户真实兴趣产生耦合时，现有方法尚无法完全解构二者的交互效应。

此外，非结构化数据的离散性特征导致分析过程面临严重的语境剥离风险。人格计算模型若孤立解析单条文本或独立行为，可能陷入"数字面相学"的认知谬误。这种困境在语言符号解读与行为序列分析两个维度尤为突出。在语言符号维度，网络亚文化的语义重构使得表层文本与心理状态产生严重偏离。在行为序列维度，单一时间节点的行为可能完全背离长期行为模式的心理意义，非结构化数据的心理表征具有强状态依存性，必须置于生物节律、环境刺激等上下文语境中才能获得有效解释。

（3）为何仍需拥抱非结构化数据？

尽管面临噪声干扰与语境缺失的技术挑战，社交媒体、可穿戴设备等产生的原生行为数据，仍以其独特的生态效度与长尾信息密度，推动着人格研究从"实验室应答"向"自然观察"的认知跃迁。这种范式转换不仅拓展了心理特质的观测维度，更在理论层面重构了人格动态表达的阐释框架。

传统人格测量受制于实验室环境的"观察者效应"——受试者在量表填写时的自我呈现策略（如社会赞许性偏差），导致应答数据与真实特质存在偏差。相比之下，非结构化数据通过三重机制实现生态效度的质变提升。首先，时间维度的连续性捕捉，用户每日产生大量数据，其行为模式的时间跨度可覆盖完整生物节律周期；其次，空间维度的情境沉浸，移动设备的定位服务使数据采集延伸至工作、娱乐、社交等多元场景；最后，认知维度的前意识记录，90ms级的触屏操作间隔（如点赞前的滑动迟疑）可映射决策过程中的内隐态度。

另外，非结构化数据的真正革命性在于其容纳的"暗信息"维度——那些未被传统心理学理论框架定义的边缘特征，可能承载人格表达的微妙密码。这种长尾价值体现在两个层面：在特征维度，可观测变量从量表的50~100个跃升至百万级；在时间粒度，分析单元从年度测评细化至毫秒级行为序列（如视频暂停点的眼动轨迹）。

2.2.2 动态性数据：人格的时空演化图谱

社交媒体数据具有强时间依赖性，用户行为随时间推移呈现波动性、响应性与阶段性，这为追踪人格的动态演化提供了可能。

（1）动态性数据的"人格电影"视角

一是生活事件的即时反应。重大事件（如失业、失恋）前后的发帖内容变化可映射人格状态的短期波动。例如，某用户失恋后微博情感值骤降，三个月后逐渐恢复，反映神经质水平的应激性升高与适应性回调。

二是长期趋势的人格固化。十年间发帖关键词从"考研""加班"变为"养生""育儿"，暗示责任心从学业或职业领域向家庭领域的迁移。

（2）动态性数据的分析挑战

一是时间噪声干扰。节日、热点事件等外部因素导致行为波动，与人格无关。例如，春节期间的拜年帖密集性增加，不意味外向性提升。

二是数据断层风险。用户可能突然停更或切换平台，导致时间序列断裂。

（3）动态性数据的不可替代性

一是捕捉人格可塑性。传统量表仅提供静态快照，而动态数据可揭示人格受环境、年龄影响的渐变过程。

二是预警心理风险。持续性负面内容累积（如抑郁词频上升、社交互动锐减）可提前识别心理危机。

2.2.3 多模态数据：人格的全息拼图

社交媒体数据涵盖文本、图像、视频、音频、交互行为等多模态信息，其异构性要求研究者突破单一数据源的局限，构建人格的"全息画像"。

（1）多模态数据的互补性证据

一是文本—图像一致性校验。某用户发帖宣称"享受孤独"（开放性低），但配图为荒野独行摄影（开放性高），这种矛盾可能暗示自我认知偏差或表演性人格。

二是行为—内容交叉验证。频繁点赞"社恐自救指南"，但每日发帖10多条，可能反映外向性与神经质的复杂交织。

（2）多模态数据的整合难题

一是模态权重模糊：难以确定文本、图像、视频对人格预测的贡献度。例如，忧郁系滤镜图片是否比悲伤歌词更能反映神经质？

二是跨模态语义鸿沟：图像隐喻（如黑色调画面）与文本直白表达（如"我很快乐"）可能传递冲突信号。

社交媒体数据的非结构化、动态性与多模态特性，既是其作为研究工具的挑战，也是生态化人格测量的机遇。尽管噪声与偏差如影随形，但其对真实人格的生态化捕捉、动态化追踪与全息化解析是问卷调查无法比拟的。未来的挑战在于：如何通过算法创新（如因果推断模型）、伦理规范（如用户知情权设计）与跨学科协作，将这片"数据荆棘丛"变为科学研究的"理想国"。

2.3 伦理争议：心理评估的隐蔽性与知情权

社交媒体数据的广泛应用，使人格识别技术从实验室走向公共领域。然而，当算法能够通过用户的点赞、转发、表情包使用等数字痕迹，"窥探"其大五人格、心理健康甚至政治倾向时，一场关于技术权力边界的伦理争论已悄然爆发。本节聚焦人格心理评估中尖锐的伦理矛盾——隐蔽性（即用户不知情下被分析）与知情权（即用户对自身数据用途的掌控），揭示这一矛盾背后的技术逻辑、法律困境与社会代价，并探索可能的治理路径。

2.3.1 隐蔽性：黑箱操作与认知剥削

当前的人格识别技术普遍存在"评估即监控"的隐蔽性特征。用户在使用社交平台时，往往无意间成为心理评估的"小白鼠"，而算法结论可能被用于商业操纵、社会控制甚至政治干预。

（1）隐蔽性的技术必然性

一是数据采集的无感渗透。平台用户协议以冗长法律术语隐藏人格评估目的。例如，Meta 隐私条款中的"改善用户体验"实则为行为数据用于广告定向（包括人格画像）的模糊化表述。用户点击"同意"时，并未意识到自己的人格特质已被量化。

二是算法的黑箱属性。深度学习模型的参数复杂性使其决策过程不可解释。即使平台公开使用心理评估技术，用户亦无法知晓"外向性得分73"的计算依据。

（2）隐蔽性的社会危害

一是认知操纵的商业化。企业通过人格画像实施精准剥削。例如，外向性剥削——向高外向性用户推送社交付费功能；神经质焦虑变现——向高神经质性用户高频展示心理咨询广告。

二是政治风险的民主侵蚀。Cambridge Analytica 利用隐蔽人格评估（如"黑暗三角人格"识别），向易受煽动用户定向投放极端政治内容，干预多国选举。

三是隐蔽性的"必要之恶"辩护。支持者认为，隐蔽性是人格识别有效性的前提。行为真实性保护：若用户知晓被评估，可能刻意修饰行为（如减少负面发帖），导致数据失真；公共利益优先：隐蔽评估可用于公共安全场景，如通过社交媒体行为预警自杀倾向。

2.3.2 知情权：从形式同意到实质赋权

欧盟通用数据保护条例（GDPR）等法律赋予用户知情权，但现实中的权利实践往往沦为"纸面福利"。真正的知情权需超越法律文本，构建技术可执行的赋权体系。

（1）知情权的现实困境

一是同意的非自愿性。社交媒体已成为现代社会的"基础设施"，用户若拒绝数据收集条款，将被迫退出数字化生存。这种"数字化勒索"使同意失去自由意志基础。

二是告知的无效性。即便平台提供人格评估说明，其技术术语（如"潜在语义分析""神经网络的回归预测"）远超普通用户理解能力。

（2）知情权的技术重构

一是动态知情同意（dynamic consent）。用户可实时查看数据使用状态。例如，当某条微博被用于评估开放性时，系统自动标记并允许用户撤回授权。

二是人格数据的可解释性反馈。平台须向用户可视化解释评估逻辑。例如,生成报告:"您的开放性得分较高,主要依据:①近三月关注了8个新领域博主;②使用创新性词汇(如'元宇宙''NFT')频率超过95%用户"。

(3)知情权的文化特异性

西方"个人主义"框架下的知情权模式在集体主义文化中可能失效。例如,中国家庭账户的伦理冲突,父母使用子女社交数据评估其心理健康,引发代际隐私权争议;中东性别规范的制约,女性用户因家庭压力放弃数据控制权,知情权让位于社会规训。

2.3.3 隐蔽性与知情权的平衡术:伦理框架与技术路径

解决这一伦理争议需超越"非黑即白"的对抗思维,在技术可能性与社会可接受性之间寻找动态平衡。

(1)伦理原则的重构

一是情境化知情(contextual integrity)。根据数据使用场景调整知情强度。例如,商业广告推送——需明确告知人格画像用途;学术研究——可匿名化处理后豁免用户同意。

二是比例原则(proportionality)。人格评估的侵入性应与收益成比例。例如,用抑郁症筛查算法推送公益热线可豁免部分知情权,但用于保险定价则需严格授权。

(2)技术工具的治理赋能

一是隐私增强技术(PETs)。数据中添加噪声,防止用户身份与心理特征的关联。二是区块链赋权。用户通过智能合约自主决定人格数据的使用范围与时限。例如,允许学术机构在2023~2025年访问自己的"开放性"数据,超期自动失效。

(3)全球治理的协同挑战

平台权力的再平衡需建立独立第三方机构(如"数字伦理委员会")审核人格评估算法,打破"技术巨头即法官"的垄断格局。

第二部分 分析框架

——人格识别的计算模型与传播机制解析

第 3 章

数字足迹的采集与分析技术

尽管多模态数据（如表情包、图像、语音）在人格测量中展现出更高的理论准确性，本书仍以语言文字为核心数据源，主要基于三重考量：其一，数据可及性与合规性，文本数据作为社交平台最普遍、最开放的信息形态之一，具有跨平台兼容性与低隐私敏感性，避免了图像数据、视频数据中的人脸识别伦理争议；其二，语义解释的透明性，语言风格（如词汇选择、句法复杂度）可直接映射心理学经典理论，而多模态特征（如滤镜色调）的解释链存在模糊性；其三，技术普适性，文本分析框架（如BERT、LIWC）的成熟度远高于多模态融合模型，尤其在资源有限的研究场景中，单一模态可保障方法复现性与结果稳定性。这一选择并非否定多模态的潜力，而是基于研究目标（构建可推广的人格识别基线模型）与伦理约束的现实妥协。

3.1 自然语言处理在人格识别中的应用

由于人格是一个内隐的心理构念，不能被直接观察到，因此必须通过有效的、外显的行为指标（即行为样本）来测量。目前，学术界已经发展了相当多的人格测量方法。自我报告技术是其中应用最广泛的方法之一，但这种方法在参与者招募和资源消耗方面有相当大的局限性。研究表明，用户所使用的语言文本往往在一定程度上反映其心理状态或某些特质倾向。❶❷ 近年来，随着自然语言处理及机器学习技术的发展，研究人员已经建立了社交网络媒体数据与大五人格的映射关系。社交媒体为探究、理解用户行为差异提供了独特的途径。用户只要使用社交媒体，就会无意识地留下用户相关的信息与内容，这些线索从不同角度展示了用户的人格特质，例如，用户在社交平台上留下的诸如年龄、性别等用户结构化信息，或如用户点赞喜好的文章、关注喜欢的话题等与他人互动的信息。尽管"人格"是一个十分抽象的概念，无法直接进行判断，但是根据埃贡·布伦斯维克（Egon Brunswik）的透镜模型，个体通过活动线索外化人格。也就是说，一些行为线索可以使用户人格客观具体化，比如日常生活中一些固定的行为模式，或者在网络时代用户所留下的网络足迹。现有研究已经证明，利用恰当的机器学习方法，可以通过用户发布在社交媒体中的信息预测用户的大五人格特质，但是由于数据条件的限制，已有的适用于中文语境的人格特质识别模型还停留在模型本身的研究与构建上，无法支撑后续的研究任务。

3.1.1 人格外化机制与自然语言处理观测路径

人格作为内隐的心理构念，其外在显现始终依赖可观测的行为中介。这种从潜变量到显变量的转化过程，构成了人格计算研究的认识论基础。自然语言处理技术的介入，本质上是在数字语境下重构人格外化的观测范式——将离散的语言行为转化为连续的心理表征，在数据空间重建"语言—人格"的映射函数。

（1）布伦斯维克的透镜模型的行为线索捕获

布伦斯维克的透镜模型为理解人格外化提供了多层级的解释框架。该

---

❶ GOU L, ZHOU M X, YANG H. Know me and share me: understanding automatically discovered personality traits from social media and user sharing preferences [C] // Proceedings of the SIGCHI Conference on Human Factors in Computing Systems, 2014: 955 - 964.

❷ TAUSCZIK Y R, PENNEBAKER J W. The psychological meaning of words: LIWC and computerized text analysis methods [J]. Journal of Language and Social Psychology, 2010, 29 (1): 24 - 54.

模型将人格特质的概念化过程分解为三个递进阶段：首先是内在特质的心理现实性，其次是行为模式的系统性表达，最终形成可被外部观察者解码的信号线索。在数字时代，这一理论范式获得了新的诠释维度——社交媒体平台中的语言痕迹、互动模式与时间动态共同构成了"数字透镜"的复合界面。

从语言表达维度考察，用户在自然语言使用中无意识展现的句法偏好、词汇选择与语用策略，均可视为人格特质的折射棱镜。神经质倾向者往往在代词使用模式中呈现特异性，其语言系统更倾向于自我指涉的封闭性表达；而开放性特质则常表现为隐喻结构的创造性编排与语义场的非传统联结。这些语言特征的系统性差异，本质上反映了认知加工过程中注意资源分配、情感调节机制与概念整合能力的个体差异。

在行为互动层面，社交媒体的点赞、转发、关注等数字痕迹，构成人格外化的行为拓扑网络。尽责性用户的网络行为往往呈现时空分布的规律性与领域聚焦的连续性，这种结构化特征可视为目标导向认知风格的行为投射；相反，宜人性特质则在社交互动的互惠强度与情感支持密度上具有可辨识的模式特征。值得注意的是，数字行为并非人格特质的直接镜像，而是经过平台算法、文化规范与社交情境多重调制的衍生信号。

时间动态性为此过程增添了新的观测维度。语言产出的昼夜节律、交互行为的响应延迟、内容更新的周期波动等时序特征，共同编码了人格特质的动力系统特性。例如，某些人格维度可能在压力情境下出现语言复杂性的阶段性衰减，而另一些特质则表现为跨情境的行为一致性。这种时变特性要求自然语言处理模型必须具备动态表征能力，以捕捉人格外化过程中的状态—特质交互效应。

（2）自我报告法的技术替代路径

传统自我报告法在人格测量中面临本体论与方法论的双重局限。在本体论视角，量表填答本质上是受试者对自我概念的反思性重构，这一过程必然受到元认知能力、文化脚本与当下情境的联合塑造，导致报告结果与真实特质的系统偏差。在方法论视角下，封闭式题项的有限选项难以捕捉人格表达的连续光谱，而跨文化语境下的语义等效性困境更削弱了量表的普适效度。

自然语言处理技术为突破这些局限提供了新的方法论进路。通过构建非介入式的观测框架，自然语言处理系统能够持续捕获用户在自然情境下的语言产出，这种数据获取方式具有三重理论优势：其一，规避了受试者在量表填答时的印象管理策略，获得更接近本真状态的行为样本；其二，开放式文本蕴含的语言特征具有高阶维度，能够揭示量表题项未能涵盖的潜在特质因子；其三，时序化的数据流为追踪人格特质的动态演化提供了观测窗口。

在技术实现层面，自然语言处理模型通过多级特征抽象实现语言信号向人格空间的映射。初级语言特征如词汇频率、句法复杂度与情感极性，构成人格解码的基础观测层；中级特征涉及语义角色标注、话语连贯性分析与语用策略识别，揭示认知风格与社交偏好的结构模式；高级特征则通过神经网络编码器的分布式表征，捕捉文本深层语义与人格特质的非线性关联。这种分层处理机制使得模型能够同时解析语言的表层形式与深层心理意义。

此外，隐喻性语言在人格外化中具有特殊作用。作为联结具身认知与抽象概念的心理桥梁，隐喻选择不仅反映用户的概念整合能力，更编码了情感评价的价值取向。开放性特质者常通过非常规隐喻拓展语义边界，这种语言创新本质上是认知灵活性的外显指标；而神经质倾向者的隐喻系统则呈现情感负载的极化特征，表现为负面意象的过度固着与积极隐喻的选择性回避。自然语言处理模型通过隐喻密度、新颖度与情感效价的多维度分析，可有效识别此类潜藏在语言深层的心理标记。

当前技术路线的核心挑战在于如何平衡模型的解释性与预测力。深度学习架构虽在人格预测任务中展现出优越性能，但黑箱特性阻碍了心理学机制的逆向推导。解决方案可能在于发展混合模型架构：在浅层网络保留可解释的语言特征（如特定词类的使用频率），而在深层网络进行高维特征的抽象整合。这种"白箱+黑箱"的复合结构，既满足临床场景下的解释性需求，又兼顾工程应用中的预测准确性。

3.1.2 社交媒体数据的双重属性解析

社交媒体平台作为人格外化的数字剧场，其产生的行为数据具有独特的双重属性——结构化数据的显性表征与非结构化文本的隐性编码。这种二元分立不仅反映数据形态的技术差异，更深层地指向人格表达在数字空间中的双重投射机制：前者锚定身份坐标与行为轮廓，后者潜藏认知轨迹与情感密码。

(1) 结构化行为样本的显性表征

结构化数据的本质是将连续的行为光谱离散为可计算的分类变量，这一过程暗合人格心理学的类型学传统。在技术实现层面，结构化特征通过标签化处理构建基础观测空间：用户注册信息构成静态身份维度，社交图谱映射关系网络拓扑，行为日志记录时空动态轨迹。这些特征共同编织出人格计算的坐标网格，使抽象特质获得可操作的测量界面。

从认知科学视角审视，结构化行为数据承载着三重心理表征功能。首先，人口统计学特征（如年龄、地域）为特质预测提供先验概率框架，某些人格维度在特定群体中存在典型分布模式；其次，关注列表的领域构成可视作兴趣图谱的代理变量，间接反映认知风格的广度与深度；最后，交互行为的时空分布模式编码了目标管理能力与自我调节机制的行为证据。这种数据形态的优势在于其与人类分类思维的天然契合，使特征工程过程具备良好的可解释性基础。

在技术实现层面，结构化数据的处理面临维度悖论。特征空间的扩展虽能提升模型的表征能力，却可能引发维度诅咒——当特征维度超过临界阈值时，数据稀疏性将导致模型陷入过拟合困境。解决方案在于发展特征交互的智能压缩技术：通过注意力机制识别关键特征组合，或借助图神经网络挖掘社交关系中的潜在结构。这些方法试图在保持可解释性的前提下，突破结构化数据的信息容量限制。

更深层的理论挑战在于结构化数据的文化调制效应。同一行为特征在不同文化语境中的心理意义可能发生根本性偏移。例如，关注教育类账号的行为，在个体主义文化中可能反映知识开放性，而在集体主义语境下或许体现社会规范遵从性。这种文化中介作用要求模型必须具备语境敏感的权重调节机制，避免将局部数据规律误读为普适人格法则。

(2) 非结构化文本的隐性信息挖掘

非结构化文本作为人格表达的"暗物质"，其价值在于突破结构化数据的显性框架，直指语言深层的心理地质层。这种数据形态消解了传统分类体系的刚性边界，在连续语义空间中重构人格特质的表达谱系。从符号学视角看，非结构化文本构成三级意义系统：表层是字面语义的命题网络，中层是语用策略的交际意图，深层是认知风格的心理印记。

在语言特征维度，非结构化数据蕴含丰富的心理标记物：词汇选择反映概念偏好系统，句法结构编码认知负荷模式，篇章连贯性映射思维组织能力。尤为重要的是，边缘语言特征——表情符号的意象投射、标点符号的情感调制、话题标签的认知聚焦——这些"次语言"要素往往比显性文本更敏感地传递人格信息。例如，特定类型的表情符号选择与宜人性特质存在系统性关联，其心理机制可能根植于情感表达的具身模拟倾向；而标点符号的规范性与创造性使用，则可能反映用户在秩序维持与自我突破之间的认知张力。

在技术处理层面，非结构化文本的分析需要跨越三重转化鸿沟：首先是从离散符号到连续向量的语义升维，借助预训练语言模型捕获词汇的分布式表征；其次是从局部特征到全局表征的聚合，通过注意力机制识别关键语义节点；最后是从语言模式到心理特质的跨域映射，建立神经网络隐空间的解释通路。这一过程本质上是将语言符号系统重新编码为心理动力学系统的逆向工程。

隐喻分析在此过程中扮演特殊角色。作为连接语言表层与认知深层的桥梁，隐喻选择不仅反映用户的概念整合能力，更暴露其价值评价的情感取向。开放性特质者常通过隐喻创新拓展语义边界，这种语言实验本质上是认知灵活性的外显行为；而神经质倾向者的隐喻系统则呈现情感极化的特征，表现为负面意象的循环固着与积极隐喻的选择性回避。通过隐喻密度、新颖度与情感效价的多维分析，自然语言处理模型可解码这些潜藏在修辞帷幕后的心理指纹。

（3）双重属性的辩证关系与整合路径

结构化与非结构化数据的二元分立，本质上是观察者视角差异的产物。在人格计算的认知框架中，二者实为同一心理现实的不同投影：结构化数据勾勒人格特质的空间轮廓，非结构化文本描绘其时间纹理；前者提供可解释的测量基准，后者贡献细腻的心理景深。二者的整合不是简单的特征拼接，而是需要在理论层面重构人格表达的层次模型。

技术整合面临的核心挑战在于异构数据的表征对齐。结构化数据的离散属性与非结构化文本的连续特征存在本体论差异，直接融合可能导致语义失真。可能的解决方案包括：开发双通道神经网络架构，分别处理两类数据后在高维空间进行注意力加权；构建知识图谱中介层，将结构化特征转化为语义节点，与非结构化文本的实体提及进行图关系匹配。

从认识论角度看，双重属性的整合推动人格研究范式的转型：从追求静态特质的分类诊断，转向动态过程的系统建模；从孤立的行为特征分析，升级为情境嵌入的整体认知。这种转型要求模型具备时间感知能力，能够捕捉行为模式随情境迁移的演变轨迹，以及特质—状态交互作用的动态平衡。

3.1.3 中文人格计算模型的技术瓶颈

中文人格计算模型的构建本质上是语言符号系统与心理表征系统的跨域映射工程，这一过程因汉语的独特语言属性与文化认知模式而面临双重解码困境。从符号处理到语义理解，从数据获取到模型泛化，中文语境下的技术挑战呈现多维交织的复杂图景，其本质折射出非拉丁语系人格计算的普适性难题。

（1）语境依存性的双重挑战

中文自然语言处理的核心困境源于其语言系统的形态学特性与语义编码机制。作为典型的分析语，汉语缺乏形态变化标记的特征导致其语境依赖性远高于屈折语系，这种特性在人格计算领域衍生出多重解析障碍。

语言单元切分的认知鸿沟：汉语分词的本质是将连续的字符流转化为离散的语义单元，这一过程在技术层面面临形式与意义的解耦风险。人格相关的心理线索常潜藏于未登录词、新造词与方言变体的夹缝中：某些地域方言中的情感表达词汇在标准分词系统中被错误切分，导致隐喻结构与情感倾向的误判；"网络世代"创造的缩略语与谐音梗，因其临时性与流动性而突破既有词库边界，造成心理特征提取的系统性偏差。更根本的矛盾在于，基于统计的分词算法与基于认知的语言理解存在本质差异——前者追求局部最优的字符组合,后者需要全局连贯的心理语义建模。

语义模糊的解析迷局:汉语的高语境依赖性使其语义解码严重依赖言外之意与文化共识,这种特性在人格计算中引发三重困境:首先,情感极性在字面义与隐含义间的断裂,某些表达在表层呈现中立色彩,实则蕴含强烈的情绪负载;其次,社会文化脚本的介入扭曲语义指向,同一词汇在不同代际、地域群体中的心理联想可能截然相反;最后,语用策略的多样性导致符号能指与心理所指的非线性关联,反语、留白、曲笔等修辞手法构成人格特质解码的认知陷阱。这种语义模糊性不仅削弱模型预测的置信度,更导致特征归因的可解释性危机——当相同语言形式对应相悖人格指向时,算法难以建立稳定的映射关系。

跨模态协同的适配难题:中文人格计算的特殊性进一步体现在多模态数据的整合困境。汉字作为表意文字,其视觉形态本身承载文化基因与审美偏好,这种特性要求模型在处理图文混合内容时,必须协调视觉符号的意象联想与文本语义的概念指涉。例如,书法风格的选择可能反映用户的保守性或创新倾向,表情包中汉字元素的变形处理或许编码了叛逆程度,这些跨模态特征的心理意义在现有技术框架下难以有效提取与对齐。更深层的矛盾在于,汉语文化特有的"言不尽意"传统,使得非语言模态(如留白布局、色彩搭配)在人格表达中的权重显著高于其他语系,这对依赖文本主导的现有人格计算范式构成根本性挑战。

(2)数据资源的三重约束

中文人格计算的数据生态呈现独特的悖论结构:在用户日均产生海量数字痕迹的表象下,可用数据的质量、多样性与时效性却面临系统性衰减。这种矛盾植根于技术基础设施、文化规范与法律框架的多重作用,形成制约模型进化的资源枷锁。

数据获取的生态割裂:中文互联网生态的平台割据态势导致数据资源的碎片化分布。私域社交数据因隐私保护政策处于技术黑箱状态,公域数据则受平台内容审核机制的过滤扭曲,这种生态割裂产生人格计算的观测盲区。更为隐蔽的影响在于,不同平台用户群体的亚文化特征导致数据分布偏差——某些人格类型在特定平台的表征密度异常偏高,而边缘群体的数字足迹可能完全消失于主流平台的观测范围。这种数据生态的断层线使得模型难以建立均衡的人格表征空间，反而强化既有偏见的社会再生产。

动态演化的适应迟滞：汉语网络语言生态的剧烈动荡性导致数据生命周期严重压缩。新兴表达以文化模因形式快速更迭，旧有语义在群体协商中持续漂移，这种动态性对人格计算模型构成双重压力。一方面，传统批处理训练模式难以及时捕捉语义系统的实时演变，导致模型在部署阶段面临概念漂移风险；另一方面，人格特质与语言特征的关联模式可能随社会文化变迁发生历时性改变，某些在特定历史时期显著相关的特征（如特定网络用语与开放性特质），在新技术条件下可能完全失效。这种动态适应需求与模型更新成本的矛盾，在资源有限的中文语境下尤为尖锐。

3.2 人格识别机器学习模型的构建与验证

3.2.1 模型构建

由于国内不存在公开的大规模网络用户人格特质数据集，因而数据条件不允许以大量数据为基础进行人格特质识别的深度学习模型训练，因此现有中文语境下通过机器学习自动识别人格特质的研究成果几乎全部采用了人工特征提取的方法，少有的是张晗、贾甜远、骆方等学者于2021年发表在《计算机科学与探索》上的文章《面向网络文本的BERT心理特质预测研究》。[1] 但是，该研究对样本数据人格特质的标注并非来自受访人员填写的专业人格特质测量量表，而是基于词汇的机器标注。该研究针对羞怯、合作性、完美主义以及焦虑四种心理特质，基于这些心理特质行为表现的常见词语获得关键词，将得到的关键词分别与13万条数据进行匹配，若句子中出现羞怯、合作性、完美主义或焦虑所对应的关键词，则该条句子的相应特质标记为正类1，否则为负类0。显而易见，虽然该研究所构建

---

[1] 张晗，贾甜远，骆方，等. 面向网络文本的BERT心理特质预测研究 [J]. 计算机科学与探索，2021，15（8）：1459-1468.

模型的准确率高达97%~99%，研究结论证明了BERT模型在人格识别领域的有效性，但是该研究并非针对具体用户进行人格特质的识别，因为其依据的训练样本并不包括实际的人格特质得分，而仅仅是关键词的标注。

因此，为了在小样本条件下得到更高准确率的社交网络用户人格特质识别模型，笔者充分利用前人的研究成果，综合多位学者通过人工特征提取构建的智能化人格特质识别模型，基于投票机制构建人格特质智能识别模型，❶ 模型构建流程如图3-1所示。

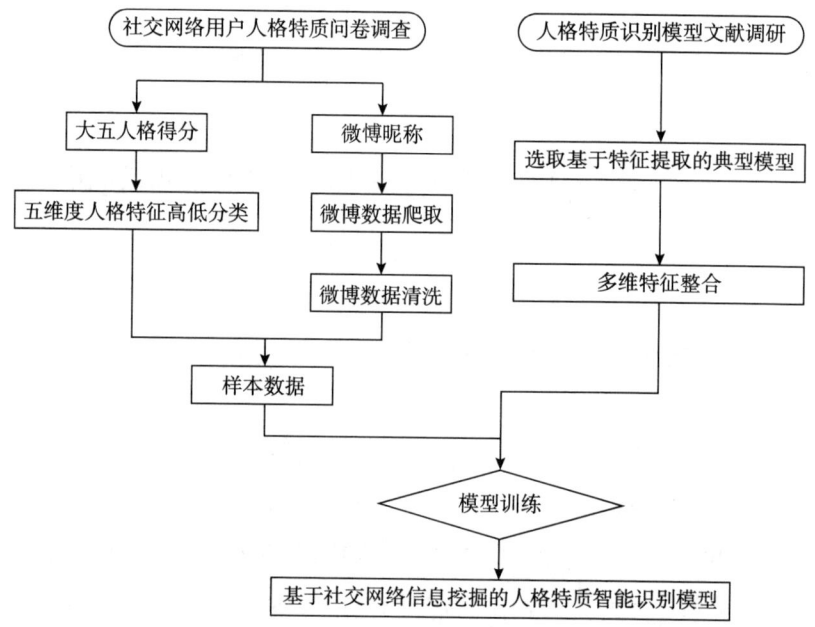

图3-1 基于社交网络信息挖掘的人格特质智能识别模型构建流程

如前文所述，笔者在研究过程中对社交网络用户人格特质的量化是通过大五人格模型实现的。具体来说，笔者在大五人格模型每个维度设置2个取值：高和低。以外向性为例，每个社交网络用户可以被视为高外向性人格或低外向性（内向性）人格。根据大五人格框架，一个人的人格是一个具有五个双相人格维度（如外向与内向）的模型。传统大五人格测试量

---

❶ 该模型的人格特质识别效果存在一定局限性，主要基于有限数据完成了人格识别的初步探索，为后续构建人格特质与信息传播特征的深度关联模型提供了变量测量基础。

表中，一个人的人格被表示为五个连续的分数。随着两名被调查者得分差异的增大，在某一人格维度上更容易被区分，这意味着两名被调查者在这个人格维度上接近相反的两端。因此，为了增加人与人之间的差异，笔者仅关注在大五人格量表的每个维度上得分高或低的社交网络用户。由于传统大五人格测试量表并没有给出统一的高低分类标准，因此对于每个人格维度，所有用户都根据阈值（均值±标准差）分为三组，即高、中、低三组。

虽然有研究讨论大五人格模型五个维度之间的相关关系，研究结果也表明某些维度之间存在一定相关关系，如高外向性的个体，较高概率具备低神经质性。但这种相关关系只存在于群体视角下，针对具体的某个个体，大五人格各维度之间并不存在确定的关联关系。因此，大五人格特质识别模型可以被视为5个互相独立的二分类问题，笔者基于5个具有代表性的社交网络用户人格识别模型进行适当改编，再利用调整后的5个模型分别判断目标用户的人格特质情况。如果5个模型对同一社交网络用户人格特质的识别结果一致，则该结果为用户人格特质识别的最终结果；如果不一致，则采用少数服从多数的机制，以达成一致的4个模型的识别结果为准；如果分类结果相同的模型不足4个，则视为该用户在该人格维度上的倾向不明显或无法通过社交网络信息识别。笔者的最终目的是探索不同人格特质如何影响社交网络用户传播信息的特征偏好，而构建自动化人格特质识别模型是为了在大五人格框架下对社交网络用户进行分类；换言之，笔者构建自动化识别人格特质模型的重点不在于模型本身，而在于经过小样本训练后的模型能够尽可能准确地完成社交网络用户分类任务，以保证最终研究结论的可靠性。如果部分社交网络用户在某个或某些人格维度上的倾向被5个典型模型分为较为均匀的两组，说明该用户在该人格维度上的表现不够典型，导致模型分类时存在较高的模糊性，为了确保模型整体分类的准确性和最终研究结论的可靠性，该部分数据将被舍弃。

第一个参照模型为中国科学院心理研究所计算网络心理实验室基于新媒体大数据和机器学习技术，为进行网络心理的研究而研发的大五人格测试工具。[1] 该研究招募了547名活跃微博用户，通过大五人格量表获得这些用户在各个人格维度上的得分，并通过爬虫获得了这547名用户的微博数据。该研究提取了用户的微博数据特征，并基于提取的特征通过支持向量机对参与者在五大维度上的得分高低进行分类。该研究提取了静态和动态两类微博数据特征。静态特征是指随时间变化不大的特征，动态特征则是指那些随着时间（例如，每天）经历明显变化的特征。该研究的静态特征包括四类：简介、自我表现行为、隐私设置和人际行为。具体来说，简介是指个人资料，包括注册时间和人口统计信息（如性别）等特征；自我表现行为包括表明个人在线形象表达的特征（如用户的昵称、头像和个人页面上的个性签名）；隐私设置包括反映保护个人隐私的功能（例如过滤陌生人发送的私人信息和评论）；人际行为包括表明不同用户之间社交互动结果的特征（如用户关注的博主数量、博主类别、用户的粉丝数量以及转发的微博类别）。动态特征则包括每天或每周内微博的更新时间、"@"使用情况等。最后，该研究利用核函数为RBF的支持向量机（SVM）构建分类模型，区分大五人格量表各维度得分高和低的参与者。大五人格量表各维度得分中等的参与者没有被纳入SVM模型的训练过程中。该研究训练后的模型分类准确率为84%~92%。

结合该研究提取的社交网络用户特征和本文的微博数据获取情况，本书的基础模型一选取的特征包括：①目标用户"互关"（即同时出现在目标用户"粉丝"和"关注"列表中的用户）用户为认证博主的数量；②目标用户关注的博主数量；③目标用户每天转发第一条总评论数和转发数超过5的微博的时间（以小时为时间单位，取值为1~24）的标准差（若该用户在某一天没有该类转发行为，则该日期不计入总天数）；④目标用户经常@或其@最多的用户的时间（以小时为时间单位，取值为1~24）；⑤目标用户经常转发或互动次数最多的用户信息的时间（以一周内的天为时间单位，即取值为周一至周日）；⑥目标用户每天转发其经常转发博主信息的时间（以小时为时间单位，取值为1~24）的标准差（若该

---

[1] LIN L, LI A, HAO B, et al. Predicting active users' personality based on micro-blogging behaviors [J]. PLoS ONE, 2014, 9 (5): e98489.

用户在某一天没有该类转发行为，则该日期不计入总天数）；⑦目标用户每天经常转发机构博文的时间（以小时为时间单位，取值为1~24）；⑧目标用户在使用新浪微博账户的同时是否注册了新浪博客账户；⑨目标用户每天发布第一条带有"@"微博的时间（以小时为时间单位，取值为1~24）的标准差（若用户在某一天没有发布带有"@"微博，则该日期不计入总天数）；⑩目标用户的个性签名中是否使用了第一人称代词；⑪目标用户通常转发广告类微博的时间（以小时为时间单位，取值为1~24）；⑫目标用户每天转发来自机构的微博数量的标准差；⑬目标用户通常更新内容长度最大的原创微博的时间（以小时为时间单位，取值为1~24）；⑭目标用户通常更新包含最多正面情绪词汇的原创微博的时间（以小时为时间单位，取值为1~24）。

第二个参照模型为北京邮电大学万丹琳等人构建的微博特征与用户人格特质关联模型，❶万丹琳等人为大五人格中的每个维度选择了5个相关度最高的特征来预测用户的人格特质，包括正相关特征和负相关特征。由于该关联模型中的个别特征与笔者关注的因变量信息情绪效价重合，因此将这些特征排除后，本书的基础模型二选取的特征包括共计19个。其中，外向性维度上，正相关特征有"Nonfl"和"Time"，负相关特征为"Swear"；神经质性维度上，正相关特征有"Sexual"和"Certain"，负相关特征有"Body"和"ProgM"；开放性维度上，正相关特征有"Space"和"Work"，负相关特征有"See"、"Funct"和"Humans"；宜人性维度上，正相关特征有"Feel"和"Discrep"，负相关特征有"Space"、"Time"和"Motion"；尽责性维度上，正相关特征有"ProgM"和"Feel"，负相关特征有"Funct"、"I"和"Tentat"。

第三个参照模型是吉林大学王萌萌等人构建的基于加权非负矩阵分解的多维用户人格特质识别模型，❷该模型综合了用户的语言特征和其网络

---

❶ WAN D L, ZHANG C, MING W, et al. Personality prediction based on all characters of user social media information [J]. Communications In Computer and Information Science, 2014, 489 (1): 220-230.

❷ 王萌萌, 左万利, 王英, 等. 一种基于加权非负矩阵分解的多维用户人格特质识别算法 [J]. 计算机学报, 2016, 39 (12): 2562-2577.

结构特征。排除本书中数据条件不允许的特征后,本书的基础模型三选取的特征包括注册时间,网络规模以及连词、数词、能愿动词、方位词、符号(逗号、句号、感叹号、问号)、物质名词、人称代词、复数人称代词、副词、感叹词、形容词等的使用频率等16个特征。

第四个参照模型是北京航空航天大学3位学者通过逐步回归构建的模型,该模型主要关注社交网络用户在社交媒体中的语言特征与其人格特质的关系。[1] 此外,该模型还关注了中英文语境下,用户语言特征与人格特质关系的异同。研究发现,外向性人格特质与TextMind词汇分类中的"朋友"和"人类"词汇正相关;宜人性人格特质与虚词、人称代词和第一人称单数单词正相关;尽责性人格特质与理解、选择和问题等认知过程词汇正相关;神经质性人格特质与代词、人称代词和第一人称单数主格代词"我"相关,也与洞察力和原因呈正相关,问号呈负相关;开放性人格特质与"量化"和"爱"呈正相关。上述在中文语境下的发现与前人在英文语境中的发现基本一致,中文语境下还有一些不同于英文语境的独特发现,例如,宜人性和开放性人格特质与多功能词呈正相关,神经质性人格特质与四字词、六字词、数字以及拉丁词正相关。此外,该研究还发现标点符号的使用也反映出中英文语言个性表达的差异:在英语样本中,不同人格特质与标点符号使用习惯的相关性不显著。在中文语境下,外向性人格特质与引号的使用负相关,与其他标点符号正相关;神经质性人格特质与逗号的使用正相关;开放性人格特质与逗号负相关,与其他标点符号正相关。综合参照模型四的上述研究成果,本书的基础模型四针对大五人格的不同维度,按照上述相关关系选择了相应的语言特征。

第五个参照模型来自上海财经大学3位学者在 *Knowledge - Based Systems* 期刊上发表的论文,该论文通过研究发现社交网络用户人格特质与其博文的30类词语的使用高度相关,这30类词语中的每一类分别包含了30~60个特定词语。[2] 因此,在该论文研究结论的基础上,排除与研究关注的

---

[1] YUAN C, HONG Y, WU J. Personality expression and recognition in Chinese language usage [J]. User Modeling and User - Adapted Interaction, 2021, 31 (1): 121 - 147.

[2] HAN S, HUANG H, TANG Y. Knowledge of words: an interpretable approach for personality recognition from social media [J]. Knowledge - Based Systems, 2020, 194 (2): 105550.

文本特征构成自相关的词语类别（带有积极或消极情绪的词语类别），形成了本书的基础模型五的特征体系。具体来说，总共包含25类特征词语，分别为表示博文分享的词语，包括"期待""本条""转发"等；表示抽奖的词语，包括"金币""百万""秒杀"等；表示人物性格的词语，包括"坚强""脸红""亲近"等；表示价值的词语，包括"特色""力量""道理"等；表示技能和兴趣的词语，包括"单词""新技能""心得"等；表示生活方式的词语，包括"外出""早起""晒太阳"等；表示学校生活的词语，包括"毕业""四级""录取"等；表示工作的词语，包括"基础""工具""竞争"等；表示监督管理的词语，包括"收费""改造""调控"等；表示特定日期的词语，包括"满月""七月""赛季"等；表示时间的副词，包括"每天""期间""持续"等；表示全球位置的词语，包括"西班牙""世界""非洲"等；表示本土位置的词语，包括"哈尔滨""海南""东莞"等；表示生活设施的词语，包括"大巴""房间""动车"等；表示旅游景点的词语，包括"长城""天涯""乐园"等；表示网络信息的词语，包括"原图""昵称""知乎"等；表示食物的词语，包括"馒头""牛肉""玉米"等；表示排名的词语，包括"热门""强势""优质"等，表示公司的词语，包括"证券""谷歌""地产"等；表示沟通的词语，包括"联系""描述""接触"等；表示社会身份的词语，包括"孕妇""男子""公民"等；表示社会关系的词语，包括"姐妹""爷爷""父母"等；表示文化活动的词语，包括"全集""棒球""电影"等；程度副词，包括"异常""过度""特别"等；表示认知、归属的词语，包括"觉醒""明白""听说"等。

3.2.2 数据收集

在人格心理学领域，大五人格结构是被广泛接受的理论框架。学者已经开发了相当多的测量工具来评估大五人格特质，其中被广泛接受和使用的量表有 NEO 人格量表（NEO‐Personality Inventory）、BFI 大五量表（Big Five Inventory）和 HPI 量表（Hogan Personality Inventory）等几种。其中，完整版 NEO‐PI‐R 将大五人格五个维度中的每一个维度又拆分成6个子维度，完整版包含 240 个题项；简化版 NEO - FFI 包含 60 个题项；BFI - 44 量表则包含了 44 个题项。

在现有文献中，我国大多数学者通过修订、翻译国外的量表完成测量中国人大五人格特质的研究。他们先将量表译成中文，再应用该量表广泛施测并进行因子分析，收集相关数据，研究结果证明这些量表具有较好的信度和效度，验证了大五人格及其测量方式在中国的文化普适性。❶但是上述人格测试量表有一个关键的共性问题，即题量大导致过长的测试时间，以 NEO - PI - R 大五人格测试量表为例，通过该量表测试大五人格一般需要用时 30~40 分钟。这么长的测试时间意味着若要通过 NEO - PI - R 获得用户的大五人格数据，通常只能在专题性调查或者诊断中采集。因此，为了满足研究者在短时间内采集人格数据的需要，学者们创建了一些人格简表，包括只含有 10 道题的量表 TIPI（Ten Item Personality Inventory）和含有 20 道题的量表 Mini - IPIP（Mini International Personality Item Pool）。TIPI 和 Mini - IPIP 都保留了大五人格模型的基本结构，在每个维度上分别用 2 道题和 4 道题来进行测量，极大缩短了测量时长。研究者发现 10 道题的 TIPI 在重测信度及以人格长表分数为标准的效标效度方面都有令人满意的结果，但在内部一致性以及结构效度方面不尽如人意。Mini - IPIP 量表是密歇根州立大学的唐纳伦（Donnellan）等人于 2006 年在著名心理学家戈德堡（Goldberg）的 50 题项量表 International Personality Item Pool 基础上改编的，该量表及其中文版在后续学者的研究中被多次使用且具有良好的信效度表现。❷❸

为了在量表的信效度和测量的时长间取得平衡，笔者采用中文版的 Mini - IPIP 量表对问卷调查的参与人员进行大五人格测试。参与者用 Likert 5 分制（1 为非常不同意，5 为非常同意）对每一项打分。对量表的五个维

---

❶ 吴琼，谷丽萍. 简版人格量表在中国大型综合调查中的应用 [J]. 调研世界，2020（5）：53 - 58.

❷ DONNELLAN M B, OSWALD F L, BAIRD B M, et al. The mini - IPIP scales: tiny - yet - effective measures of the big five factors of personality [J]. Psychol Assess, 2006, 18 (2): 192 - 203.

❸ LI Z, SANG Z, WANG L, et al. The Mini - IPIP Scale: psychometric features and relations with PTSD symptoms of Chinese earthquake survivors [J]. Psychological Reports, 2012, 111 (2): 641 - 651.

度分别进行信度检测（反向问项的分值为5减去参与人员填写的数值）。

用于构建和验证大五人格识别模型的数据主要由两部分组成，即参与调查人员填写的大五人格量表和他们在微博账号中发布的原创性文本。

量表数据清洗：为了保证参与人员所填量表的有效性，笔者在调查问卷的量表中间设置了注意力检测题，在该题目上选择错误的问卷被视为无效问卷。此外，笔者还通过Mini–IPIP问卷本身的正反问项对问卷的有效性进行检测。Mini–IPIP量表的20个问项中，有9个正向问项（得分越高越倾向于该维度的正向特质，如"是聚会中的灵魂人物"）和11个反向问项（得分越高越倾向于该维度的反向特质，如"话不多"）。具体来说，Mini–IPIP量表在外向性、宜人性、尽责性和神经质性4个维度上，分别有2个正向问项和2个负向问项，在开放性维度上，则有1个正向问项和3个负向问项。如果参与人员同一人格纬度下所填正反向问项的均值差小于1，可以认为该参与人员存在审题不认真的情况，该问卷被视为无效问卷。

微博文本清洗：奥斯汀将语言与人的行为联系在一起，开启了通过语言洞察人们心智的现代哲学进路，这是本书利用社交网络用户的语言表达和网络特征识别其大五人格的理论基础，所以笔者需要构建一个数据集，该数据集中的微博文本内容必须来自用户自身的语言表达，而非各类系统生成内容。微博平台中除了各类官方账号、用于宣传推广的广告账号，普通个人用户的博文中也存在大量类似于广告的系统生成内容，多是为了获取某种奖励，同意系统自动生成并借由自己账号发布的内容，诸如微博平台广告"感谢@微博抽奖平台！一起分享我的喜悦吧"，以及用户在使用外部App时，该App通过用户微博进行宣传的系统发布内容"我正在爱奇艺看爱情公寓5第1集，快来@爱奇艺一起看！"等。笔者通过观察发现，这类噪声文本有明显区别于用户自身语言表达内容的特征，通过较为简单的特征构建进行过滤，时间成本应当小于构建基于大量人工标注的神经网络过滤模型。因此，为了过滤系统生成内容，笔者构建了三重过滤机制。

首先，对微博语料20维变量（发博博主昵称、博主简介、博主关注数、博主粉丝数、博主微博数、博文内容、发布时间、发布终端、转发数、评论数、点赞数、转发博主名称、转发博文内容、转发发布时间、转发发布终端、原文转发数、原文评论数、原点赞数、是否为目标用户点赞微博、是否为快转微博等信息）中"发布终端"这一维度进行过滤。具体来说，笔者通过大量浏览微博语料，归纳总结发现：当微博文本为用户自身的语言表达内容时，"发布终端"这一维度变量的取值主要有三类，第一类是用户使用的智能终端，如"vivo 智能手机""魅族 16s 旗舰手机""小米 10""HUAWEI P30 Pro""米宝的 iPad"等；第二类是用户使用的智能终端系统，如"Android""iOS"等；第三类是各类版本的微博平台，如"微博 weibo.com""微博触屏版"等。当微博文本为系统生成内容时，"发布终端"这一维度变量的取值也主要分为三类，第一类是外部 App，如"360 安全浏览器""爱奇艺客户端""联通手机客户端"等；第二类是部分账号为了宣传、获取流量，在微博平台进行的活动，如"红包活动""台网互动""投票"等；第三类是微博平台自身的一些活动或组织，如"微博会员中心""微博抽奖平台""微博自媒体"等。部分用户会给自己使用的智能终端取名，代替终端的默认名称，如"米宝的 iPad"，导致当微博文本内容由用户自身的语言表达时，"发布终端"这一维度变量的取值很难穷尽，笔者选择通过过滤无效终端的方式进行筛选。

其次，对微博语料的 20 维变量中"博文"这一维度进行过滤。具体来说，笔者通过大量浏览爬取的微博语料，归纳总结发现：当一条博文包含了某些特殊词语或短语的时候，这条博文大概率是系统生成内容。这类特殊词语大多与抽奖获奖、号召参与以及活动分享相关，与抽奖获奖相关的有"即刻领取""福利专场""赢奖品"等，与号召转发相关的有"快来动手点一点""快来一起""点击下面链接"等，与活动分享相关的有"我 pick 的宝藏视频号""我正在参加""我分享了"等。

最后，对高频重复文本进行过滤。具体来说，笔者通过前人研究得到启发，部分噪声博文存在高频重复的特点，换言之，各类广告、宣传信息出于传播推广的目的，会在相同或不同网络用户的微博博文中多次出现。笔者浏览语料后确认了这一研究假设。为了在尽量不降低召回率的前提下提高准确率，改善文本过滤性能，王琳等人根据微博重复率随时间递减的特性,提出了基于内容相似性计算的过滤法。❶ 首先对抓取的一个时间段内的微博进行分段过滤,再对相近时间发表的微博进行索引过滤,达到微博文本流整体上的过滤,这样对发表时间相隔较短的微博去重,既能保证准确率,同时也能极大地减少处理时间,提高可用性。笔者利用该研究构建相似微博过滤噪声的方式进行了第三重过滤,以此筛除在发布终端和内容标志词中没有显著特征的噪声博文。

数据清洗结果:首先排除没能通过注意力测试的问卷47份和非微博用户567份;然后排除了在5个人格特质维度上均处于无明显倾向(得分处于均值加减一个标准差的区间内)的51个用户;之后笔者逐一核实了1335份问卷中所提供的微博昵称对应账户与参与人员人口统计信息是否吻合,排除非本人账号69个和无效账号50个;最后在1216个微博账号中选取有效微博发布数量超过200条(排除各类广告信息,具体排除方法详见本节"量表数据清洗"部分内容)的个人账号加入本书的数据集,共163个账号,89383条微博。这163个账号博文数量分布如图3-2所示。

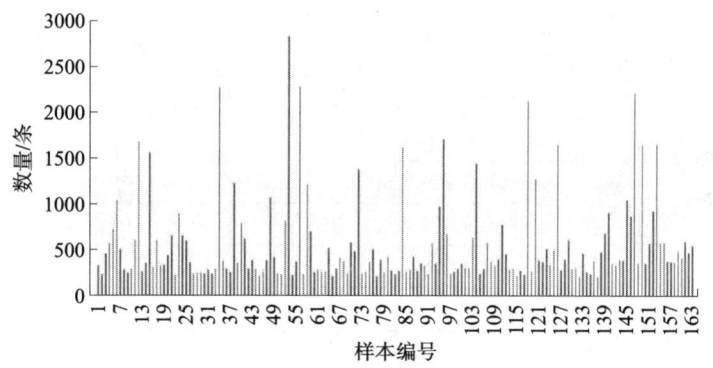

图3-2 样本用户有效原创博文数量分布

可以看出,本书样本的有效原创博文数量大部分为200~500条,最大数量接近3000条。这163个微博账号持有人的描述性统计信息如表3-1所示。

---

❶ 王琳,冯时,徐伟丽,等. 一种面向微博客文本流的噪音判别与内容相似性双重检测的过滤方法[J]. 计算机应用与软件,2012,29(8):25-29,94.

表 3-1 有效样本人口统计信息

变量	类别	频数/条	百分比/%
性别	男性	58	36
	女性	105	64
	合计	163	100
年龄	0~20 岁	19	11
	21~30 岁	101	62
	31~40 岁	27	17
	41~50 岁	16	10
	合计	163	100
教育背景	专科以下	21	13
	专科	17	11
	本科	101	62
	硕士	20	12
	博士	4	2
	合计	163	100
职业	学生	35	21
	公务员	6	4
	事业单位工作人员	10	6
	国有企业工作人员	13	8
	民营企业工作人员	60	37
	外资企业工作人员	5	3
	其他职业	34	21
	合计	163	100

性别方面：男性 58 人，女性 105 人；年龄方面：0~20 岁年龄段 19 人，21~30 岁年龄段 101 人，31~40 岁年龄段 27 人，41~50 岁年龄段 16 人；学历方面：博士学历 4 人，硕士学历 20 人，本科学历 101 人，专科学历 17 人，专科以下学历 21 人。职业方面：学生 35 人，公务员 6 人，事业单位工作人员 10 人，国有企业工作人员 13 人，民营企业工作人员 60 人，外资企业工作人员 5 人，其他职业 34 人。

基于上述 163 位微博用户的大五人格得分对笔者所使用的 Mini-IPIP 量表进行信效度检验，数据结果显示：外向性、宜人性、尽责性、神经质性和开放性的 Cronbach's α 值分别为 0.796、0.795、0.723、0.780 和 0.739，符合信度要求。所有 163 名被试者各人格维度得分均值和标准差的估计见表 3-2。

表 3-2 大五人格各维度得分描述性统计

项目	N	最小值	最大值	均值	标准偏差	方差
外向性	163	3	17	11.47	3.345	11.189
宜人性	163	3	18	14.06	2.879	8.287
尽责性	163	2	18	13.47	2.994	8.967
神经质性	163	2	16	8.39	3.407	11.609
开放性	163	6	17	12.36	2.751	7.566

3.2.3 模型训练与验证

参考中国科学院心理研究所几位研究员的做法，❶ 笔者将各维度人格特质分为高、低两个水平，用户在某一维度的得分高于均值加一个标准差时被视为在该人格维度上为高水平特质；相应地，用户在某一维度的得分低于均值减一个标准差时被视为在该人格维度上为低水平特质；位于均值加减一个标准差范围内的，笔者将其视为在该维度无明显特质，不计入模型训练。以外向性为例，均值为 11.47，标准差为 3.345，当某用户在外向性维度得分高于 15 时，该用户为高外向性人格，而当某用户在外向性维度得分低于 8 时，该用户为低外向性（内向）人格。

笔者在提取社交网络用户语言特征时，使用了中国科学院心理研究所计算网络心理实验室研发的"文心"（TextMind）中文心理分析系统，该系统是针对中文文本进行语言分析的软件系统，通过"文心"系统，可以分析文本中使用的不同类别语言的程度、偏好等特点。由于该系统有 20000 字的最大字数限制，无法一次性完成单个用户全部语料的特征提取，

---

❶ LIN L, LI A, HAO B, et al. Predicting active users' personality based on micro-blogging behaviors [J]. PLoS ONE, 2014, 9 (5): e98489.

因此笔者采取逐条语料计算，取各用户全部语料均值的方式进行处理。某用户逐条语料部分特征如表3-3所示。

表3-3 社交网络用户逐条语料部分特征示例

Funct	Pronoun	PPron	I	We	You	SheHe	They	iPron
0	0	0	0	0	0	0	0	0
0	0	0	0	0	0	0	0	0
0.363636	0.0909091	0.0909091	0.0909091	0	0	0	0	0
0.430769	0.0923077	0.0923077	0.0461538	0	0	0	0.0307692	0
0.1	0	0	0	0	0	0	0	0
0.2	0	0	0	0	0	0	0	0
0	0	0	0	0	0	0	0	0
0.428571	0.0714286	0.0714286	0.0714286	0	0	0	0	0
0.375	0.0833333	0.0833333	0.0416667	0	0.0416667	0	0	0
0.545455	0.0909091	0.0454545	0.0454545	0	0	0	0	0.0454545
0.5	0.125	0.125	0.125	0	0	0	0	0
0.291667	0	0	0	0	0	0	0	0
0.45283	0.0754717	0.0188679	0	0	0	0	0.0188679	0.0566038
0.333333	0	0	0	0	0	0	0	0
0.25	0	0	0	0	0	0	0	0
0.392857	0.0357143	0.0357143	0.0357143	0	0	0	0	0
0.4	0.2	0.2	0.2	0	0	0	0	0
0.2	0	0	0	0	0	0	0	0
0.5	0.0588235	0.0588235	0.0588235	0	0	0	0	0
0.511628	0.0930233	0.0930233	0.0697674	0	0.0232558	0	0	0
0.22	0.02	0.02	0.02	0	0	0	0	0
0.5	0.0384615	0.0384615	0.0384615	0	0	0	0	0
0.480519	0.0649351	0.0519481	0.0519481	0	0	0	0	0.012987
0.5	0	0	0	0	0	0	0	0
0.5	0.214286	0.0714286	0.0714286	0	0	0	0	0.142857
0.555556	0.0555556	0.0555556	0.0555556	0	0	0	0	0

计算每位用户全部语料的语言特征均值后，部分用户部分语言特征如表3-4所示。

表 3-4 部分用户部分语言特征均值示例

Funct	Pronoun	PPron	I	We	You	SheHe	They	iPron
0.36263733	0.006569028	0.004522937	0.003446048	0.000538445	0.000538445	0	0	0.002046091
0.30681817	0.042613645	0.039772732	0.025568182	0	0.008522722	0.002840917	0	0.005681821
0.414158577	0.053568042	0.032935832	0.029717962	0.000567859	0.000946432	0.001703577	0	0.020821499
0.399478413	0.058114985	0.040605984	0.034521293	0.001117596	0.002856079	0.001862659	0.000248354	0.017757355
0.426581365	0.043160534	0.023521348	0.010733042	0.0018269	0.00753597	0.001370175	0.00091345	0.019867548
0.076849768	0.00539854	0.003810734	0.002222928	0.000317561	0.000952684	0.000317561	0	0.001587806
0.366272919	0.060547175	0.049334724	0.037673793	0.004634476	0.004185976	0.001494992	0.000747496	0.011361937
0.401869086	0.058411194	0.025700932	0.009345795	0.002336449	0.002336446	0.007009347	0.004672895	0.032710264
0.314553899	0.04929576	0.02347418	0.018779343	0	0.004694837	0	0	0.025821594
0.172757422	0.04318934	0.039867081	0.033222569	0	0.006644512	0	0	0.003322259
0.213809508	0.019999997	0.008095237	0.005238093	0.00047619	0.002380953	0	0.000122324	0.011904763
0.312905184	0.023241591	0.020305812	0.013700304	0.001712538	0.003914372	0.000856269	0	0.003669725
0.362884135	0.052009462	0.034278983	0.023640682	0.002364066	0.004728135	0	0	0.017730494
0.377358429	0.050763698	0.03953279	0.032794252	0.000449236	0.003144657	0.001796946	0.000898473	0.013926326
0.151307101	0.016663857	0.011354632	0.008714018	0.000792184	0.001320307	0.000528123	0	0.005545286

续表

Funct	Pronoun	PPron	I	We	You	SheHe	They	iPron
0.371607466	0.05480167	0.036534444	0.026096035	0.003311523	0.004175361	0.003653444	0	0.018789149
0.42710945	0.064491207	0.046920261	0.038231315	0.001351613	0.003475573	0.003668662	0.000193087	0.017764045
0.259459366	0.028228225	0.019219225	0.010210211	0.0012012	0.006006001	0	0	0.009009006
0.357571401	0.046946704	0.031415456	0.018002116	0.002823863	0.006353687	0.003529826	0.000352983	0.016590187
0.348681828	0.039718812	0.022495609	0.020035148	0	0.000702987	0.001405975	0	0.017574693
0.383540054	0.074436492	0.060283066	0.045081253	0.001048402	0.008212475	0.005766206	0.000524201	0.014502881
0.279683298	0.044854858	0.023746723	0.007915569	0.005277044	0.005277044	0.00263852	0	0.021108158
0.388314062	0.055461328	0.042147212	0.03434532	0.00237449	0.002713705	0.002374491	0.000339213	0.013822928
0.176117319	0.018012008	0.015343562	0.00933956	0.000667113	0.004669781	0.000667112	0	0.002668446
0.346185007	0.04261363	0.022930194	0.014610388	0.001826299	0.004870131	0.001014611	0.000202922	0.019480514
0.401552522	0.05081157	0.031580805	0.021347917	0.004763586	0.002646436	0.001235004	0.000352858	0.019230765
0.284482784	0.038793097	0.008620682	0.004310343	0.004310339	0	0	0	0.021551728
0.357894728	0.057894756	0.040350874	0.029824562	0	0.007017542	0.001754384	0.001754386	0.019298247
0.275549745	0.019404912	0.012936609	0.012936609	0	0	0	0	0.006468303

由于样本有限且基础模型中的特征已经经过前人验证，为了尽可能增加测试集中的样本数量，保证测试结果的可靠性，因此笔者并未按照机器学习常规的 7∶3 或 8∶2 分配训练集和测试集，而是在保证各个人格维度的高低倾向样本均被覆盖的条件下，设置了等样本量的训练集和测试集。在获得微博用户的人格特质和其在新浪微博的使用特征（包括语言学特征和非语言学特征）后，笔者分别将对应特征和样本输入 5 个基础模型中，通过 Python 机器学习包 Sklearn 中的 KNN 模型进行分类。如果 5 个模型对同一社交网络用户人格特质的识别结果一致，则该结果为用户人格特质识别的最终结果；如果不一致，则采用少数服从多数的机制，以达成一致的 4 个模型的识别结果为准；如果分类结果相同的模型不足 4 个，则视为该用户在该人格维度上的倾向不明显或无法通过社交网络信息识别。

相比基础模型，以投票制的方式充分利用已有模型，可以在一定程度上提高人格特质识别的准确率。本书构建的基于社交网络用户基本信息和语言特征的人格特质自动识别模型在大五人格外向性、神经质性、开放性、宜人性和尽责性五个人格维度上都取得了较高的准确率，分别为 96.01%、95.12%、94.67%、96.77% 和 95.91%，可以用于后续构建基于人格特质的社交网络用户信息传播多维模型过程中社交网络用户人格特质的识别。

第 4 章

人格特质对信息传播行为的影响

4.1 人格特质与情绪效价

4.1.1 多维情绪理论

社交网络信息传播过程中,用户和文本的情绪都产生了重要影响。但情绪本身并不是一个单一维度的概念,自达尔文以来,人们对于情绪的解读存在多种不同的理解。《牛津英语大词典》中将情绪定义为一种活跃的心灵、感觉或情感的运动。❶ 有据可查的研究中,人类最早的有关情绪的研究为情绪理性主义,该理论由柏拉图及亚里士多德所提出,笛卡尔认同了该理论的结果,并提出人类活动的活力因素由情绪所掌控。达尔文从生物学角度出发,认为情绪主要是由于外界的刺激所影响。与情感有所不同,情绪是一个截然不同的概念。但是,大多数研究认可情绪是"短暂的心理—生理现象",❷ 它将人们的注意力集中在外界信息上,并指导人们的行为、判断和决策。在人类心理活动中,情绪多样的变化起伏使人们的生活变得更加丰富多彩。从喜、怒、哀、乐的表达,到内心情感的多样性,

---

❶ 陈少华. 情绪心理学 [M]. 广州:暨南大学出版社,2008:3.

❷ IZARD C E. On the ontogenesis of emotions and emotion – cognition relationships in infancy [M] //The development of affect. Boston: Springer, 1978: 389 – 413.

情绪影响着人们对于事件的看法。在日常生活中,情绪总是以信号的形式呈现出来,例如,笑容表现的往往是积极正面的情绪,悲伤的哭泣往往展现负面的不愉悦的状态。人们通过情绪将实时的内心状况加以表达,以信号的形式传递给外界。

在学术界,有关情绪的研究一直是心理学的热点话题之一。学者大卫(David)认为情绪主要来自身体的刺激。❶ 沃森(Watson)认为,情绪是一种具有先天遗传性的特殊反应模式,且这种反应模式有独有的特征。❷ 坎农(Cannon)从神经学角度出发,构建了基于情绪体验与情绪行为的复杂神经组织,即著名的神经丘脑学说。❸ 沙克特(Schacter)则认为情绪的产生主要受到认知过程、环境影响以及生理状态三种因素的影响,而在这三种因素之中,认知过程对产生情绪起到了决定性的作用。❹ 近年来,随着情绪的研究热度不断升高,国内外很多学者也对情绪的含义给出了自己的看法,孟昭兰认为,情绪是生理和心理多水平整合的产物。❺ 学者们从心理学的认知评价理论着手,将情绪的来源归因于不同的认知评价,每个个体对于外界的认知不同,自然也会产生不同的评价。由此可见,不同的学者对于情绪的定义有着不同的观点,也有学者根据不同理念提出了不同的情绪维度理论。

史洛斯伯格(Schlosberg)提出的情绪二维理论,作为最早的情绪环形结构模型,以"愉悦—不愉悦"和"注意—拒绝"两个维度构建了情绪的基本架构。❻ 其中,情绪效价的刺激源于价值层面,价值刺激程度越高,所体现的愉悦度水平也越高;情绪唤醒度则反映情绪在生理层面对人的刺

---

❶ DAVID M. Psychology [M]. 10th ed. Virginia:Worth Publishers, 2011:498.

❷ WATSON J B. Psychology from the standpoint of a behaviorist [M]. Philadelphia:Lippincott, 1929:42–45.

❸ CANNON W, NEWTON H F, BRIGHT E M, et al. Some aspects of the physiology of animals surviving complete exclusion of sympathetic nerve impulses [J]. American Journal of Physiology, 1929, 89(1):84–107.

❹ SCHACTER L. Static Quadrupole Interaction [J]. Nuclear Physics, 1962(6):294–296.

❺ 孟昭兰. 情绪心理学 [M]. 北京:北京大学出版社, 2005:17–18.

❻ SCHLOSBERG H. The description of facial expressions in terms of two dimensions [J]. Journal of Experimental Psychology, 1952, 44(4):229–237.

激水平,与神经生理层面的感知及警觉性相关——低唤醒度可通过疲倦、困乏等状态体现,高唤醒度则表现为神采奕奕、精神紧张等,且唤醒度的刺激表征主要来自活力层面的展现(活力刺激度高通常意味着唤醒水平较高,反之则为低唤醒度)。该理论通过环形结构直观呈现情绪结构:将愉悦与唤醒作为圆环主轴,使各类情绪在圆环上形成均匀分布。这一理论从精神层面对情绪作出解释,既将愉悦与效价刺激相关联,又将唤醒与警觉刺激相匹配,为理解情绪的构成与表现提供了系统性框架。❶

4.1.2 信息中的情绪效价

随着新媒体技术的快速发展和应用的普及,人们越来越习惯于在社交网络上表达他们对某个事件的情感和态度,并通过微博、论坛等平台传播情绪、知识、意见和经验等。❷ 在情报学相关研究中,情绪是一个被学者们广泛关注的话题,❸ 因为它在其中扮演着重要的角色:一方面,情绪影响人们的注意力集中方向,促使人们避开或寻找某类信息;另一方面,情绪影响人们的感知和思考,给人们的判断、决定和记忆涂上色彩。

前人研究发现,信息中所体现的情绪效价(也有研究将之称为情绪极性)显著影响社交网络用户信息传播行为,发挥不同的作用。例如,信息带有积极、促进等正向情绪时,有助于促进积极结果;信息带有震惊、威胁、警告等负向情绪时,有助于预防消极结果。❹ 大量文献为情绪在网络

---

❶ POSNER J, RUSSELL J A, PETERSON B S. The circumplex model of affect: an integrative approach to affective neuroscience, cognitive development, and Psychopathology [J]. Development and Psychopathology, 2005, 17 (3): 715-734.

❷ 邢云菲,王晰巍,韦雅楠,等. 新媒体环境下网络舆情用户情感演化模型研究:基于情感极性及情感强度理论 [J]. 情报科学, 2018, 36 (8): 142-148.

❸ LOPATOVSKA I, ARAPAKIS I. Theories, methods and current research on emotions in library and information science, information retrieval and human-computer interaction [J]. Information Processing & Management, 2011, 47 (4): 575-592.

❹ 张敏,马臻,聂瑞,等. 基于二阶信息生态链的用户社交健康信息分享意愿的形成机理分析 [J]. 现代情报, 2019, 39 (2): 94-104.

信息传播过程中的作用提供了理论和实践上的证据。❶❷❸❹❺ 另外,还有学者研究发现,信息传播过程中情绪发挥的作用不仅来源于信息的情绪本身,还与信息传播者以及信息接收者密切相关。❻❼ 换言之,信息本身带有的情绪和人们自身某些属性的交互作用能够影响信息的传播。

本书首先梳理了达成一致结论的研究成果,这些研究论证了情绪能够促使社交网络用户传播信息。情绪效价倾向于对信息加工中诱发的与信息相关的感觉产生情感反应,❽ 从而产生共情,即一个人吸收他人的感受和情感体验;❾ 有研究发现大量社交网络用户乐于与他人讨论自己的情感经历,并倾向于分享充满情感的内容,以理解自己的经历,减少心理压力,或加深与同一网络中的其他人的社会联系,情感煽动性的内容可能特别具有"传染"性;❿⓫ 有研究认为信息传播过程中情绪效价发挥的作用不仅来源于信息的情绪效价本身,同时还是一个人与信息发送者产生共鸣的表现。⓬

---

❶ PHELPS E A, LING S, CARRASCO M. Emotion facilitates perception and potentiates the perceptual benefits of attention [J]. Psychological Science, 2006, 17 (4): 292-299.

❷ GRAY K L H, ADAMS W J, HEDGER N, et al. Faces and awareness: low-level, not emotional factors determine perceptual dominance [J]. Emotion, 2013, 13 (3): 537-544.

❸ SCHMIDT L J, BELOPOLSKY A V, THEEUWES J. Attentional capture by signals of threat [J]. Cognition and Emotion, 2015, 29 (4): 687-694.

❹ BERGER J, MILKMAN K L. What makes online content viral? [J]. Journal of Marketing Research, 2012, 49 (2): 192-205.

❺ WILSON A E, GIEBELHAUSEN M D, BRADY M K. Negative word of mouth can be a positive for consumers connected to the brand [J]. Journal of the Academy of Marketing Science, 2017, 45: 534-547.

❻ LEE J, HONG I B. Predicting positive user responses to social media advertising: the roles of emotional appeal, informativeness, and creativity [J]. International Journal of Information Management, 2016, 36 (3): 360-373.

❼ PETERS K, KASHIMA Y. From social talk to social action: shaping the social triad with emotion sharing [J]. Journal of Personality and Social Psychology, 2007, 93 (5): 780-797.

❽ CHEN K J, KIM J, LIN J S. The effects of affective and cognitive elaborations from Facebook posts on consumer attitude formation [J]. Journal of Consumer Behaviour, 2015, 14 (3): 208-218.

❾ ESCALAS J E, STERN B B. Sympathy and empathy: emotional responses to advertising dramas [J]. Journal of Consumer Research, 2003, 29 (4): 566-578.

❿ BERGER J, MILKMAN K L. What makes online content viral? [J]. Journal of Marketing Research, 2012, 49 (2): 192-205.

⓫ WILSON A E, GIEBELHAUSEN M D, BRADY M K. Negative word of mouth can be a positive for consumers connected to the brand [J]. Journal of the Academy of Marketing Science, 2017, 45: 534-547.

⓬ PETTY R E, CACIOPPO J T. The elaboration likelihood model of persuasion [M] //Communication and Persuasion. New York: Springer, 1986: 1-24.

信息接收者可能因为感知和理解信息发送者的情绪,从而与信息内容产生更强烈的共鸣。❶ 这将促使他们通过转发内容来表达情感支持。❷ 情绪被认为在与观众的注意、记忆构建和决策能力相关的过程中具有重要作用。❸ 由于带有情绪的信息能够产生一定程度的"情绪刺激",人们对情绪信息的敏感性显著高于对没有情绪内容的信息的敏感性。❹ 有研究发现用户在面对情绪信息的刺激时,其信息加工能力比面对非情绪信息时有所提高,因此会投入更多的注意资源。❺❻ 此外,还有研究表明包含情绪的信息比没有情绪的信息更具交际性。有研究发现,与非情绪情境相比,人们更倾向于与他人分享他们的情感体验。❼ 当一种情况涉及情绪刺激时,更容易引起人们的注意。而当某一事物的刺激吸引了用户的情绪和注意时,用户可能在刺激过去后继续注意该事物,这会使得用户相比通常情况(无情绪刺激情况)投入更多的精力处理同一事物的非情绪材料部分。❽❾ 有学者发现,Facebook 上正面的帖子往往比中立的帖子吸引更多的点赞。❿ 一些研究人员认为社交媒体平台的情绪效价是影响用户参与度的一个重要

---

❶ LEE J, HONG I B. Predicting positive user responses to social media advertising: the roles of emotional appeal, informativeness, and creativity [J]. International Journal of Information Management, 2016, 36 (3): 360 – 373.

❷ PETERS K, KASHIMA Y. From social talk to social action: shaping the social triad with emotion sharing [J]. Journal of Personality and Social Psychology, 2007, 93 (5): 780 – 797.

❸ SCHOEFER K, ENNEW C. The impact of perceived justice on consumers' emotional responses to service complaint experiences [J]. Journal of Services Marketing, 2005, 19 (5): 261 – 270.

❹ PHELPS E A, LING S, CARRASCO M. Emotion facilitates perception and potentiates the perceptual benefits of attention [J]. Psychological Science, 2006, 17 (4): 292 – 299.

❺ GRAY K L H, ADAMS W J, HEDGER N, et al. Faces and awareness: low – level, not emotional factors determine perceptual dominance [J]. Emotion, 2013, 13 (3): 537 – 544.

❻ SCHMIDT L J, BELOPOLSKY A V, THEEUWES J. Attentional capture by signals of threat [J]. Cognition and Emotion, 2015, 29 (4): 687 – 694.

❼ LUMINET O, BOUTS P, DELIE F, et al. Social sharing of emotion following exposure to a negatively valenced situation [J]. Cognition and Emotion, 2000, 14 (5): 661 – 688.

❽ BROSCH T, SCHERER K R, GRANDJEAN D M, et al. The impact of emotion on perception, attention, memory, and decision – making [J]. Swiss Medical Weekly, 2013, 143: w13786.

❾ KENSINGER. Remembering emotional experiences: the contribution of valence and arousal [J]. Reviews in the Neurosciences, 2004, 15 (4) 241 – 251.

❿ YANG M, REN Y, ADOMAVICIUS G. Understanding user – generated content and customer engagement on Facebook business pages [J]. Information Systems Research, 2019, 30 (3): 839 – 855.

因素。❶❷❸ 有学者发现，使用积极或消极的词语会有更高的机会得到他人的反馈。❹

其次，本书将分别归纳总结尚存争议的研究发现，即一些研究人员认为负效价情绪比正效价情绪触发更为广泛的社会传播，另一部分研究人员则发现社交网络用户更倾向于传播正效价情绪的信息。有学者在对微博中的中文推文传播的研究中，将情绪分为四种基本类别（愤怒、快乐、悲伤和厌恶），发现愤怒更容易在社交媒体中传播。❺ 周东浩等学者基于信息特征、网络结构特征和信息传播者特征构建信息传播模型，发现伴随负面事件（如官场腐败、治安事件等）出现的负面情绪信息传播更快、影响更广。❻ 有限注意能力模型和心理学领域的研究发现，用户会对不同极性（积极或消极）的信息或刺激分配不同的权重和注意资源。而与正面信息相比，负面信息往往被优先关注，会先被处理，因此具有更强的传播能力。❼❽❾ 有学者招募大学生进行微博正向、负向和中性三种情绪效价微博

---

❶ BARBOSA R R L, SÁNCHEZ–ALONSO S, SICILIA–URBAN M A. Evaluating hotels rating prediction based on sentiment analysis services [J]. Aslib Journal of Information Management, 2015, 67 (4): 392–407.

❷ JI Y G, CHEN Z F, TAO W, et al. Functional and emotional traits of corporate social media message strategies: behavioral insights from S&P 500 Facebook data [J]. Public Relations Review, 2019, 45 (1): 88–103.

❸ SO J, PRESTIN A, CHOU W–Y S, et al. What do people like to "share" about obesity? a content analysis of frequent retweets about obesity on Twitter [J]. Health Communication, 2016, 31 (2): 193–206.

❹ ARGUELLO J, BUTLER B S, JOYCE E, et al. Talk to me: foundations for successful individual–group interactions in online communities [C] //Proceedings of the SIGCHI Conference on Human Factors in Computing Systems, CHI, 2006.

❺ ZHAO J, DONG L, WU J, et al. Moodlens: an emotion–based sentiment analysis system for chinese tweets [C] //Proceedings of the 18th ACM SIGKDD International Conference on Knowledge Discovery and Data Mining, 2012.

❻ 周东浩, 韩文报, 王勇军. 基于节点和信息特征的社会网络信息传播模型 [J]. 计算机研究与发展, 2015, 52 (1): 156–166.

❼ SKOWRONSKI J J, CARLSTON D E. Negativity and extremity biases in impression formation: a review of explanations [J]. Psychological Bulletin, 1989, 105 (1): 131–142.

❽ ZHU Y, MAO W, WANG R. The neural mechanism of negative bias [J]. Advances in Psychological Science, 2014, 22 (9): 1393–1403.

❾ HORNIK J, SATCHI R S, CESAREO L, et al. Information dissemination via electronic word–of–mouth: good news travels fast, bad news travels faster! [J]. Computers in Human Behavior, 2015, 45: 273–280.

的转发倾向调查,并研究不同情绪效价微博的转发与神经机制的相关性。❶该研究为不同情绪效价博文转发行为与神经机制间的关系提供了重要启示,但由于该研究被试者全部来自学生群体且总数只有28人,因此该研究得出的微博用户更倾向转发负效价情绪博文这一结论有待商榷。有研究提出,人们对负面事物(如事件、物体、个人特征)存在普遍的"偏好",因为躲避危险(如捕食者)比追求奖励(如营养丰富的食物来源)更为重要。❷这种源自进化论的解释表明,从个体的主观意识出发,消极内容比积极内容信息量更大,也更有价值。普遍的负性偏见的存在得到了自然主义和实验研究的支持。例如,2018年的新闻报道中负面内容的发生率高于正面内容;❸在20世纪的文学作品中积极情绪词的频率减少,而消极情绪词的频率没有减少。❹有学者实验研究表明,与正面信息相比,负面信息对印象形成的影响更大,❺且更可信。❻

另外,同样有大量研究结论支持人们更倾向于传播正向情绪效价的信息。❼有学者通过统计研究,发现《纽约时报》上的正面文章比负面文章被分享的次数更多。❽有学者在一项实验研究中发现,参与者选择传播积

---

❶ ZHANG H, QU C. Emotional, especially negative microblogs are more popular on the web: evidence from an fMRI study [J]. Brain Imaging and Behavior, 2020, 14 (5): 1328 – 1338.

❷ ROZIN P, ROYZMAN E B. Negativity bias, negativity dominance, and contagion [J]. Personality and Social Psychology Review, 2001, 5 (4): 296 – 320.

❸ ACERBI A. Cognitive attraction and online misinformation [J]. Palgrave Communications, 2019, 5: 15.

❹ MORIN O, ACERBI A. Birth of the cool: a two – centuries decline in emotional expression in anglophone fiction [J]. Cognition and Emotion, 2017, 31 (8): 1663 – 1675.

❺ PEETERS G, CZAPINSKI J. Positive – negative asymmetry in evaluations: the distinction between affective and informational negativity effects [J]. European Review of Social Psychology, 1990, 1 (1): 33 – 60.

❻ FESSLER D M T, PISOR A C, NAVARRETE C D. Negatively – biased credulity and the cultural evolution of beliefs [J]. PLoS One, 2014, 9 (4): e95167.

❼ LAMBERT N M, GWINN A M, BAUMEISTER R F, et al. A boost of positive affect: the perks of sharing positive experiences [J]. Journal of Social and Personal Relationships, 2013, 30 (1): 24 – 43.

❽ BERGER J, MILKMAN K L. What makes online content viral? [J]. Journal of Marketing Research, 2012, 49 (2): 192 – 205.

极的低唤醒画面，而不是消极的高唤醒画面。❶

事实上，信息传播过程中情绪效价发挥的作用不仅来源于信息的情绪效价本身，同时还是一个人与信息发送者产生共鸣的表现。❷ 作为认知心理研究的新取向，具身认知理论及相关研究得到国内学者的广泛推介。具身认知论认为，通过具身模仿，观察者"看到"的情绪会唤起观察者自身关于这些情绪的感知系统。❸ 而情绪句子理解实验发现，当被试者情绪状态与句子内容一致时，能易化对句子的理解，同样的效应也出现在对句子理解难易程度的判断上。❹ 信息接收者可能因为感知和理解信息发送者的情绪，从而与信息内容产生更强烈的共鸣，❺ 这将促使他们通过对信息的二次传播来表达情感支持。❻ 另外，双重加工理论认为，情绪对人的影响属于加工模式的第一系统。那么，社交网络用户第一系统工作模式的不同是否会影响其信息传播行为中信息效价的偏好倾向？换言之，信息本身带有的情绪效价和人们自身属性的交互作用如何影响信息的传播？目前，已有的聚焦信息情绪效价对传播效果影响的研究大多忽视了用户人格方面的个性化差异。因此，本章将探索人格特质的不同倾向对社交网络用户对信息传播情绪效价的偏好是否存在影响。

本章首先基于BERT神经网络，构建文本情绪效价识别模型；之后利用前文构建的社交网络用户人格特质识别模型，对样本库中随机抽取的社交网络用户分别进行外向性、神经质性、宜人性、开放性和尽责性等维度

---

❶ VAN LEEUWEN F, PARREN N, MITON H, et al. Individual choose–to–transmit decisions reveal little preference for transmitting negative or high–arousal content [J]. Journal of Cognition and Culture, 2018, 18 (1–2): 124–153.

❷ PETTY R E, CACIOPPO J T. The elaboration likelihood model of persuasion [M] //Communication and Persuasion. New York: Springer, 1986: 1–24.

❸ HAVAS D A, GLENBERG A M, RINCK M. Emotion simulation during language comprehension [J]. Psychonomic Bulletin & Review, 2007, 14 (3): 436–441.

❹ 张晓庆. "丧文化"背景下青年积极社会心态培育研究 [J]. 中国青年研究, 2019 (6): 113–118.

❺ LEE J, HONG I B. Predicting positive user responses to social media advertising: the roles of emotional appeal, informativeness, and creativity [J]. International Journal of Information Management, 2016, 36 (3): 360–373.

❻ PETERS K, KASHIMA Y. From social talk to social action: shaping the social triad with emotion sharing [J]. Journal of Personality and Social Psychology, 2007, 93 (5): 780–797.

的人格特质识别；然后利用文本情绪效价识别模型，分别对五个人格维度具有不同高低倾向的微博用户所转发的信息进行情绪效价识别；最后，结合每位用户的人格特质倾向和其全部转发信息的情绪效价均值，对数据进行可视化处理和方差分析，关联用户人格特质和其传播的信息情绪效价特征，探索不同人格特质的社交网络用户在信息传播过程中对情绪效价的差异化偏好。

4.1.3 情绪效价识别

（1）情绪效价识别模型构建

情绪效价识别的方法主要有三类，第一类是基于情感词典的方法，[1][2][3][4] 第二类是基于机器学习的方法，[5] 第三类则是基于深度学习模型，[6][7] 第三类方法的准确率通常高于前面两类。当然，利用大语言模型的 API 批量进行情绪效价识别比前述方法的准确率更高，但出于成本和准确率的衡量考虑，笔者选择基于 BERT 神经网络和 LSTM 网络构建文本的情绪效价识别模型。

2018 年 10 月 11 日，谷歌提出的 BERT 模型先后在 11 项自然语言处理

---

[1] 李钰. 微博情感词典的构建及其在微博情感分析中的应用研究［D］. 郑州：郑州大学，2014.

[2] PENG W, PARK D H. Generate adjective sentiment dictionary for social media sentiment analysis using constrained nonnegative matrix factorization［C］//Fifth International AAAI Conference on Weblogs and Social Media, 2011.

[3] 陈晓东. 基于情感词典的中文微博情感倾向分析研究［D］. 武汉：华中科技大学，2012.

[4] PARK S, KIM Y. Building thesaurus lexicon using dictionary – based approach for sentiment classification［C］//2016 IEEE 14th International Conference on Software Engineering Research, Management and Applications（SERA），IEEE, 2016：39 – 44.

[5] SOCHER R, PENNINGTON J, HUANG E H, et al. Semi – supervised recursive autoencoders for predicting sentiment distributions［C］//Proceedings of the Conference on Empirical Methods in Natural Language Processing. Association for Computational Linguistics, 2011：151 – 161.

[6] DOS SANTOS C, GATTI M. Deep convolutional neural networks for sentiment analysis of short texts［C］//Proceedings of COLING 2014, the 25th International Conference on Computational Linguistics：Technical Papers. 2014：69 – 78.

[7] 余同瑞，金冉，韩晓臻，等. 自然语言处理预训练模型的研究综述［J］. 计算机工程与应用，2020，56（23）：12 – 22.

任务中取得突出成效，刷新了历史纪录。BERT模型的多维特征句向量可以表征词的多义性，以及句子的句法特征等，能够同时学习句内和句间的依赖关系，获取词上下文之间的联系；BERT模型可以无视空间和距离，把全局信息编码进每个位置，让机器学习到完整文本的上层特征。在特征句向量训练过程中，特征的提取通过多层编码由浅层进入深层。BERT模型由输入层、编码层和任务相关层构成，是一种双向编码器，改进了基于微调方法的语言模型预训练方法，可以显著提高许多自然语言处理任务的效果。笔者所使用的BERT模型为谷歌发布的基础版模型（BERT-base），包括12层transformer block和12个attention head，每个输入汉字被转换为768维的向量表示，模型充分描述了字符级、词级、句子级乃至句间关系的特征。

LSTM网络模型是一种特殊的循环神经网络模型（RNN）。相较于在基础的神经网络中，前一个输入和后一个输入相互独立，RNN能够更好地处理序列信息。RNN的重要优势就是可以连接先前的信息到当前的任务，换言之，RNN可以记忆先前的信息，且应用于当前输出的计算。但是，关于长距离依赖问题，即当间隔较长的文字存在语义相关性时，RNN仅在理论上可以处理，实践中则存在梯度消失、梯度爆炸等问题。因此，能够学习长距离依赖关系的LSTM应运而生。作为一种非常重要的预测工具，LSTM已经被广泛应用于文本预测、语音识别和情感分析等领域。LSTM的关键结构是单元状态，可以增加或者删除单元状态中的信息，这些信息首先要经过被称为"门"的结构的处理。这些"门"被称为控制门（gates），分为三种：输入门（input gate）、遗忘门（forget gate）和输出门（output gate）。单元状态通过记忆存储来记录神经元的状态，其是否记忆取决于控制门，控制门让信息选择性通过，有去除或者增加信息到单元状态的能力，以保护和控制单元状态，其中包含sigmoid神经网络层和pointwise乘法操作。❶

BERT & LSTM深度学习模型建立在BERT与LSTM神经网络模型的基

---

❶ 唐晓彬，董曼茹，张瑞. 基于机器学习LSTM&US模型的消费者信心指数预测研究［J］. 统计研究，2020，37（7）：104-115.

础上，主要是指社交网络中用户生成内容经由微调后的 BERT 转化为多维向量，该向量作为文本内容特征输入 LSTM 神经网络，对应地输出为文本的情绪效价（0 为负效价，1 为正效价）。

（2）社交网络信息收集

参考中国科学院心理研究所计算网络心理实验室在构建人格识别模型过程中获取样本的方式，[1] 本书执行了两个步骤：构建采样池、选择活跃用户。

构建采样池。为了从大量的新浪微博用户中选择活跃用户进行进一步的分析，需要构建一个合适的样本池。具体而言，笔者采用广度优先搜索的方法，随机选择一个关注 10 个朋友的用户作为种子用户，发起对新浪微博用户的社交网络进行爬取。在获得 2 万个用户后，该社交网络开始缓慢增长。笔者停止数据爬取工作，并从 2 万个用户中随机选择 1 万个用户作为扩展种子用户。通过扩展种子用户的朋友关系，笔者继续爬行剩下的社交网络，得到 3 万个连接。最后，除去重复名字后，共有 2 万个新浪微博用户留在样本池中。

选择活跃用户。笔者通过考虑微博更新数来选择活跃用户。具体来说，笔者在 2021 年 7 月 16 日~2021 年 8 月 10 日下载了 2 万个用户的简要信息，包括关注人数、粉丝数和博文数量。然后，为了过滤掉不活跃用户，并保留足够多的活跃用户以供进一步分析，笔者选择了 10213 个微博更新量超过 500 条的用户。值得注意的是，新浪微博中存在一些特殊账号，包括影视明星、意见领袖、自媒体账号及广告营销账号等。这类账号的行为模式与普通用户存在显著差异，因此在针对大众用户行为特征的研究中，对其行为的分析适用性有限。排除这类群体后，样本池剩余用户数量为 91261 个。最后，笔者从中随机筛选了 2000 个新浪微博用户作为研究的样本集。

（3）社交网络信息清洗

粉丝围绕偶像会产生各种行为活动，进而成为一种文化形式，被称为

---

[1] LIN L, LI A, HAO B, et al. Predicting active users' personality based on micro-blogging behaviors [J]. PLoS One, 2014, 9 (5)：e98489.

"粉丝文化"。❶ 而微博则是"饭圈"❷ 的主要阵地。与此同时，在技术、资本、市场等多种力量的推动之下，在社交媒体时代，粉丝表达对偶像的喜欢和爱的方式也出现了新变化，为偶像堆"业绩"成为粉丝使用微博这一平台的重要原因，并以此发展出有组织的"控评""洗广场"等做数据、冲流量的行为。鉴于此，粉丝的这些"饭圈"活动呈现明显的集体行动特征，❸ 也就与其自身的人格特质或个性化信息传播偏好关联甚少。

在这些做数据、冲流量的行为中，转发明星相关微博就是其中常用的一种手段，所以粉丝的此类微博转发几乎不反映个人特质，而且出于刷流量的需要，粉丝的这种转发往往还会数量巨大，例如拥有2604万个微博粉丝的某明星，其微博动辄转发评论量过亿条。❹ 如此一来，在粉丝的个人微博内容中，原本能够反映用户人格特质相关内容的比例就会被大幅降低。为了提高数据的准确性，笔者在进行数据处理时对粉丝与明星相关的转发内容作了过滤处理。

除了"粉丝"的"追星"信息，广告信息也是噪音的一大来源，笔者也对这类信息进行了过滤。与本书第3章构建人格特质智能识别模型不同的是，本章所关注的信息是社交网络用户转发的信息而非原创信息，该类信息是否为广告噪音无法通过"发布终端"这一变量进行判断，仅能通过博文是否包含广告标志词和高频重复这两个特征进行判别，因此过滤程序如下：首先过滤包含广告标志词语的博文，这类词语大多与抽奖获奖、号召参与以及活动分享相关，与抽奖获奖相关的有"即刻领取""福利专场""赢奖品"等，与号召转发相关的有"快来动手点一点""快来一起""点击下面链接"等，与活动分享相关的有"我 pick 的宝藏视频号""我正在参加""我分享了"等；其次，通过高频重复文本进行过滤。各类广告、宣传信息出于传播推广的目的，会在相同或不同网络用户的微博博文中多

---

❶ 郭芙蓉，韦良红. 社交媒体时代粉丝行为典型特征、突出问题及价值引导 [J]. 重庆邮电大学学报（社会科学版），2021, 33（2）：88–96.
❷ 饭圈，也称粉丝圈，粉圈，是喜欢同一偶像明星的粉丝通过网络聚集形成的粉丝社群。
❸ 赵芸，张紫翌. 基于新浪微博的"饭圈社群"治安风险探析 [J]. 公安学刊（浙江警察学院学报），2021（4）：52–63.
❹ 董清源. 怎么看粉丝"刷数据"现象 [J]. 智慧中国，2019（9）：68–69.

次出现。为了在尽量不降低召回率的前提下提高准确率、改善文本过滤性能，王琳等学者根据微博重复率随时间递减的特性，提出了基于内容相似性计算的过滤法：首先对抓取的一个时间段内微博进行分段过滤，再对相近时间发表的微博进行索引过滤，达到微博文本流整体上的过滤，这样对发表时间相隔较短的微博去重，既能保证准确率，也极大地减少处理时间，提高可用性。❶笔者利用该研究构建相似微博过滤噪音的方式进行了第二重过滤，以此筛除在内容标志词中没有显著特征的噪音博文。

（4）情绪效价识别结果

在中文自然语言处理领域，针对情绪效价（积极/消极）识别任务的开源标注数据资源已相当丰富，这为构建高性能识别模型奠定了坚实基础。笔者充分利这一优势，直接采用已完成高质量情绪效价标注的开源中文数据集作为训练基础。基于此，笔者基于 BERT 中文模型训练了用于识别文本情绪效价（正向、负向、无情绪）的分类器。在模型训练阶段，笔者采用了标准的微调（fine-tuning）策略，将开源数据输入 BERT 模型，并在其顶层叠加特定的分类层，通过监督学习不断优化模型参数，使其精准区分正向、负向及无明显情绪的中性文本。经过训练和验证集调优，最终构建的情绪效价识别模型在独立测试集上的准确率为 98.67%。

应用上述训练好的高精度 BERT 情绪效价识别模型，笔者对收集的全部 763667 条微博用户转发语料进行了自动分类处理：被模型判定为具有正向情绪效价的转发语料占比 43.68%；被识别为具有负向情绪效价的语料占比为 29.81%；此外，模型识别的无明显主观情绪表达的语料也占比 26.51%。由于本章研究的核心目标在于深入探究个体的人格特质如何影响其在社交网络信息传播过程中对于携带情绪效价的偏好与选择机制。鉴于中性语料本身不包含可供分析的情绪效价倾向，将其纳入分析框架将无法直接解答笔者关注的核心问题，甚至可能引入干扰噪声。因此，为了聚焦研究目标并确保分析结论的效度，在后续的数据分析环节，笔者仅使用和深入分析那些被模型明确标注为带有正向或负向情绪效价的语料。这一策

---

❶ 王琳，冯时，徐伟丽，等. 一种面向微博客文本流的噪音判别与内容相似性双重检测的过滤方法［J］. 计算机应用与软件，2012，29（8）：25-29，94.

略性筛选将有利于更清晰、直接地揭示人格特质变量与用户在传播行为中展现的情绪效价偏好之间的潜在关联模式。

4.1.4 外向性人格的情绪效价偏好

利用前述社交网络用户人格特质识别模型,笔者对样本库中随机抽取的 2000 个新浪微博用户进行外向性人格特质分析,数据结果显示:其中的 1289 个用户可以被识别有外向性人格维度上的倾向,其中 599 个用户为高外向性人格,690 个用户为低外向性人格。之后,笔者利用本章第 4.1.3 节训练的文本情绪效价识别模型,分别对高低外向性人格的两组微博用户所转发的信息(数据清洗过程见本章第 4.1.3 节)进行情绪效价识别。描述性统计如表 4-1 所示。

表 4-1 不同外向性水平用户信息传播情绪效价描述性统计

外向性水平	情绪效价均值	情绪效价中位数	情绪效价最大值	情绪效价最小值	情绪效价标准差
高	0.64	0.62	0.99	0.15	0.13
低	0.62	0.61	0.94	0.18	0.12

以外向性水平为自变量,信息传播情绪效价为因变量作方差分析:方差齐性检验结果为 $p = 0.432$,符合方差分析基本要求;检验结果 $p = 0.025$,该值满足了统计学中显著性水平的最低要求,即 $p < 0.05$。笔者认为,外向性高和外向性低(内向)的社交网络用户在信息传播过程中,偏好传播的信息在情绪效价维度上存在一定差异,高外向性群体传播信息的情绪效价稍高于低外向性群体。外向性人格特质对社交网络用户信息传播的情绪效价偏好具有一定预测性。

外向性的本质差异体现为个体在社交激励寻求、情绪唤醒阈值和认知加工偏好等方面的系统性分化。高外向性个体具有更强的社交趋近动机,这种动机源于其神经生物基础对多巴胺奖赏系统的敏感性,使得他们在信息筛选时更易被具有积极情绪效价的内容激活。从进化心理学视角看,外向特质的情绪表达优势可能源于人类群体协作中正向情绪的信号功能——

积极情绪既能增强社交吸引力,又能通过情绪感染扩大群体认同,这种双重效应在高外向性用户的传播行为中得到强化。同时,外向者的认知风格偏向整体性加工,更关注信息的情绪基调而非细节逻辑,这种认知过滤机制导致其传播内容天然具有情绪强化倾向。相比之下,低外向性用户的信息处理呈现逆向特征:其神经系统的基线激活水平较高,对外部刺激更易产生认知超载,因而在传播决策中采用审慎的认知评估策略。这种策略导向的情绪抑制,既体现为对消极情绪信息的回避倾向,也表现为对积极情绪表达的克制态度,最终形成情绪效价相对中性的传播特征。两类群体在自我呈现策略上的分野进一步放大情绪差异:外向者将信息传播视为社交资本积累工具,通过情绪溢价效应获取关注;内向者则将其作为认知价值交换媒介,依赖信息质量而非情绪强度建立社会连接。这种心理机制的分化,本质上反映了人类适应社交生态的两种策略——情绪驱动型传播与认知驱动型传播的生存优势博弈。

  社交网络的结构特性与人格特质的交互作用,使得情绪效价差异突破个体层面,演变为群体传播现象。在复杂网络环境中,高外向性用户凭借其广泛连接的节点位置,天然成为情绪传播的"枢纽"。其构建的传播网络具有高中心性、强扩散性的拓扑特征,这种结构优势使积极情绪信息更易突破传播阈值,形成指数级扩散的"情绪级联"效应。值得注意的是,情绪传播并非单向输出,而是通过社交反馈形成动态调节回路:高外向性用户传播的积极内容引发更多即时互动(如点赞、转发等),这种正反馈进一步强化其情绪表达倾向,形成传播行为与人格特质的共振增强。相反,低外向性用户所处的传播网络多为强关系联结,信息流动速度慢但渗透性强,这种"慢传播"模式虽限制情绪扩散规模,却有助于复杂认知内容的深度传递。文化语境在此过程中扮演关键调节角色:集体主义文化中的情绪传播规范,因其契合群体和谐的社会期待强化了外向者的积极表达优势;而个人主义文化则相对包容情绪多样性,部分消解外向特质的传播优势。这种文化调节机制揭示,情绪效价差异不仅是心理特质的产物,更是社会规范与个体特质协商的结果。从传播生态视角看,两类群体的情绪传播模式构成互补平衡:外向者的积极情绪扩散维持社交网络的情感温度,内向者的认知信息传播保障内容生态的理性基底。算法时代的人格化传播趋势,正在重塑这种平衡——推荐系统对外向者情绪传播的偏好性强化,可能导致公共话语的情绪极化。

4.1.5 神经质性人格的情绪效价偏好

利用前述社交网络用户人格特质识别模型,笔者对样本库中随机抽取的 2000 个新浪微博用户进行神经质性人格特质分析,数据结果显示:其中的 1299 个用户可以被识别有神经质性人格维度上的倾向,其中 668 个用户为高神经质性人格,631 个用户为低神经质性人格。之后,笔者利用本章第 4.1.3 节训练的文本情绪效价识别模型,分别对高低神经质性人格的两组微博用户所转发的信息(数据清洗过程见本章第 4.1.3 节)进行情绪效价识别。描述性统计如表 4-2 所示。

表 4-2 不同神经质性水平用户信息传播情绪效价描述性统计

神经质性水平	情绪效价均值	情绪效价中位数	情绪效价最大值	情绪效价最小值	情绪效价标准差
高	0.42	0.41	0.98	0.02	0.17
低	0.68	0.69	0.97	0.01	0.12

以神经质性水平为自变量,信息传播情绪效价为因变量作方差分析:方差齐性检验结果为 $p=0.000$,方差不齐,不符合方差分析基本要求;因此采用 Brown-Forsythe 检验,检验结果 $p=0.000$,通过组间差异显著性检验。神经质性高的社交网络用户在信息传播过程中,偏好传播的信息在情绪效价维度上明显低于神经质性低的用户。此外,神经质性高的社交网络用户传播了更多的消极情绪效价信息,而神经质性低的社交网络用户则传播了更多的积极情绪效价信息。通常来说,在神经质性人格维度上得分较高的个体容易出现焦虑、不安等状态,而这种状态极有可能是导致这部分群体在信息传播过程中偏好低情绪效价信息的原因,甚至可能出现"焦虑—低情绪效价—焦虑……"的螺旋。

神经质性人格特质作为个体情绪稳定性的核心维度,其内在心理机制深刻影响着信息传播的筛选与扩散过程。高神经质性用户在情绪加工系统中表现出独特的认知—情感模式：一方面，这类人群在信息接收时优先捕获负面线索，形成"威胁优先"的注意偏向；另一方面，他们通常难以有效抑制消极情绪的蔓延，导致认知资源持续被负性信息占据。这种特征在信息传播行为中具象化为两个相互关联的机制——在信息选择阶段，高神经质性用户会无意识放大信息的风险属性，即便面对中性信息也会启动"消极解读框架"，例如将健康科普内容联想为潜在疾病威胁；在信息加工阶段，其工作记忆的认知负荷显著增加，导致对复杂信息的整合能力下降，更倾向于传播情绪标签明确、认知成本较低的消极内容。这种传播偏好本质上是一种心理代偿策略：通过外化传播焦虑相关话题，用户试图获得社会认同以缓解内在不安，却因消极信息的群体反馈而强化原有焦虑，形成自我验证的闭环。值得注意的是，高神经质性用户的情绪调节策略具有显著异质性——部分用户会通过"情绪接种"策略主动传播消极信息，试图通过预先暴露于焦虑情境获得心理掌控感；另一部分则采取"情绪回避"策略，但因信息茧房效应反而陷入更严重的认知扭曲。这种矛盾性揭示出神经质性特质影响信息传播的双刃剑效应：既是个体应对情绪困扰的适应性尝试，也可能成为加剧心理危机的风险因素。从进化视角看，这种传播倾向可能源于人类对危险信息的群体预警本能，但在现代信息过载环境中，这种原始机制已异化为非适应性的情绪放大系统。

高神经质性用户的低情绪效价传播行为并非孤立现象，而是嵌入社交网络生态系统的动态过程中，形成具有自组织特征的"焦虑—传播"螺旋。这种螺旋的运转依赖三个核心机制：首先是情绪共振的链式反应，当用户传播的消极信息引发相似特质用户的共鸣时，会触发群体层面的情绪同步，这种同步通过点赞、转发等即时反馈被误读为社会认同，进而激励更多同类信息的生产；其次是认知资源的虹吸效应，算法推荐系统基于互动数据持续推送情绪同质化内容，导致高神经质性用户的信息生态不断窄化，其认知框架逐渐被灾难化思维主导，形成"消极信息偏好—算法强化—认知固化"的恶性循环；最后是社会比较的焦虑增殖，在垂直社交网络中，高神经质性用户在传播消极信息时往往与比自己处境更好的人进行比较，例如将他人精心修饰的生活片段解读为自身缺陷的佐证，这种扭曲比较进一步刺激焦虑情绪的生产与传播。值得注意的是，这种动态过程具有显著的文化印记：在强调集体共识的社会中，高神经质性用户可能通过传播群体性焦虑（如教育内卷、职场竞争）获得临时性归属感；而在崇尚个体主义的文化里，则更多表现为对个人失败经验的过度分享。社交平台的情感规则在此过程中扮演着矛盾角色——既通过表情包、状态更新等功能为消极情绪提供合法出口，又因可见性管理压力迫使用户对真实情绪进行策略性修饰，这种表里分离进一步加剧了心理耗竭。打破这种传播螺旋需要重构信息生态的作用机制：在个体层面，增强情绪元认知能力以中断自动化消极传播；在平台层面，设计"情绪缓冲"算法干预，在消极信息扩散路径中植入认知矫正线索。

4.1.6 开放性人格的情绪效价偏好

利用第 3 章构建的社交网络用户人格特质识别模型，笔者对样本库中随机抽取的 2000 个新浪微博用户进行开放性人格特质分析，数据结果显示：其中的 1353 个用户可以被识别有开放性人格维度上的倾向，其中 577 个用户为高开放性人格，776 个用户为低开放性人格。之后，笔者利用本章第 4.1.3 节训练的文本情绪效价识别模型，分别对高低开放性人格的两组微博用户所转发的信息（数据清洗过程见本章第 4.1.3 节）进行情绪效价识别。描述性统计如表 4-3 所示。

表 4-3 不同开放性水平用户信息传播情绪效价描述性统计

开放性水平	情绪效价均值	情绪效价中位数	情绪效价最大值	情绪效价最小值	情绪效价标准差
高	0.68	0.69	0.98	0.32	0.10
低	0.62	0.61	0.95	0.10	0.12

以开放性水平为自变量，信息传播情绪效价为因变量作方差分析：方差齐性检验结果为 $p=0.003$，方差不齐，不符合方差分析基本要求；因此采用 Brown-Forsythe 检验，检验结果 $p=0.000$，通过组间差异显著性检验。结合描述性统计结果，可以发现，开放性高的社交网络用户在信息传播过程中，偏好传播的信息在情绪效价维度上显著高于开放性低的用户。

但是，无论开放性高低，社交网络用户都传播了更多的积极情绪效价的信息。开放性人格高低倾向的差异主要体现在对经验的开放程度，具有高开放性人格的用户通常富有想象力、兴趣广泛，并对新事物充满好奇。结合本小节的数据结果可以发现，如果某些社交网络用户群体具备丰富的想象力和广泛的兴趣爱好这一特征，可能意味着这些群体在信息传播时更可能选择正向情绪效价的信息。这一发现与前人的研究结论是吻合的：积极的情绪能够促进人们的多样性寻求意愿，迁移到信息行为领域，更强烈的多样性寻求意愿往往能够引起更多的信息浏览、转发等行为。然而，如果环境信息中有显著的消极内容，积极情绪与多样性寻求意愿的正向联系则不再显著。[1] 总体而言，开放性人格特质方面的高低倾向对社交网络用户信息传播的情绪效价偏好具有一定的预测性。

开放性人格特质作为个体认知架构的核心维度，通过双重路径塑造信息传播的情绪效价选择模式：其一是认知灵活性与情绪效价的动态耦合，其二是经验寻求动机与情绪调节的协同演化。高开放性用户的认知系统具有显著的"概念整合优势"——能够将离散信息元素重组为具有情感意义的新图式，这种重组过程天然需要积极情绪作为认知扩展的润滑剂。这种特征使得高开放性用户将积极情绪效价信息视为认知资源而非单纯的情感载体，其传播行为实质上是通过情绪赋能完成认知疆域的拓展。相较之下，低开放性用户的信息筛选受限于认知保守性，其信息处理依赖既有的语义框架，导致情绪效价选择被锚定在经验验证范围内，即便传播积极信息也更多出于社交规范遵循而非内在认知驱动。值得注意的是，开放性特质的情绪调节策略具有独特的适应性功能：高开放性用户通过主动建构积极情绪场景来维持认知探索所需的心理能量，这种建构性调节使其在面对消极信息时能启动"情绪转换"机制——将负向内容重新编码为具有成长意义的认知挑战。而低开放性群体的情绪调节则呈现被动适应特征，其积极信息传播更多是对环境压力的应激反应而非主动选择。这种根本性的策略差异，导致两类群体尽管在整体传播倾向上趋同（均偏重积极情绪），

---

[1] ESTRADA C A, YOUNG M J, ISEN A M. Positive affect influences reported source of practice satisfaction in physicians [C] //Clinical Research. Slack Inc., 1992, 40 (3): A768 – A768.

但在信息的情感深度与认知价值上存在本质分野。此外,环境信息中消极内容的阈值效应揭示了开放性特质的动态边界:当消极信息密度突破认知弹性临界点时,高开放性用户的"情绪—认知"协同机制将出现解耦,其多样性寻求动机被迫让位于风险规避本能,这一现象为理解开放性特质的生态适应性提供了关键线索。

4.1.7 宜人性人格的情绪效价偏好

利用前述用户人格特质识别模型,笔者对样本库中随机抽取的2000个新浪微博用户进行宜人性人格特质分析,数据结果显示:其中920个用户可以被识别为宜人性人格维度上的倾向,其中523个用户为高宜人性人格,397个用户为低宜人性人格。之后,笔者利用本章第4.1.3节训练的文本情绪效价识别模型,分别对高低宜人性人格的两组微博用户所转发的信息(数据清洗过程见本章第4.1.3节)进行情绪效价识别。描述性统计如表4-4所示。

表4-4 不同宜人性水平用户信息传播情绪效价描述性统计

宜人性水平	情绪效价均值	情绪效价中位数	情绪效价最大值	情绪效价最小值	情绪效价标准差
高	0.63	0.63	0.96	0.20	0.12
低	0.64	0.64	0.97	0.19	0.12

以宜人性水平为自变量,信息传播情绪效价为因变量作方差分析:方差齐性检验结果为 $p = 0.844$,方差齐,符合方差分析基本要求,检验结果 $p = 0.113$,组间差异不显著,说明宜人性高和宜人性低的社交网络用户在信息传播过程中,偏好传播的信息在情绪效价维度上没有差异。高水平宜人性的用户大多乐于合作、利他且富有同情心,利他倾向和富有同情心的用户特征不影响社交网络用户信息传播时对情绪效价的偏好。从本节的数据分析结果可以得出结论:一般情况下,宜人性人格特质的高低对信息传播情绪效价不具备预测性。

宜人性特质对信息传播情绪效价的影响,本质上是社会规范压力与个体动机差异动态博弈的结果。高宜人性用户的核心特征在于共情导向的社会适应策略——其传播行为以维护群体和谐为目标，通过主动筛选符合社会期待的情绪内容（如积极或中性信息）来规避人际冲突风险；而低宜人性用户的传播动机则更多源于工具性目标（如资源竞争或自我强化），但其情绪表达同样受制于社会规范的可见性约束。这种看似矛盾的行为趋同现象，实则反映了社交网络环境中情绪传播的"双过程模型"：在显性层面，公开传播的情绪效价受社会规范主导，无论个体内在动机如何，均需遵守群体情感表达的"基线标准"；在隐性层面，情绪信息的语义框架与传播方式则成为动机差异的宣泄通道。例如，高宜人性用户可能通过强化积极信息的共情属性（如强调"帮助他人"的温暖叙事）来实现亲社会目标，而低宜人性用户则倾向于选择具有功利价值的积极内容（如展示成就的竞争性叙事）以满足自我提升需求。这种动机分异被编码在信息的语境而非情绪效价本身，导致表面效价趋同而深层意义分化的传播图景。此外，消极情绪传播的"双重抑制效应"进一步强化趋同：社会规范对公开负面表达的污名化，迫使高宜人性用户主动回避消极信息以维系关系；低宜人性用户虽对消极信息的内在敏感性较低，但为避免社会惩罚同样抑制其传播。这种双向抑制机制最终消弭了宜人性高低群体间的情绪效价差异。

宜人性特质未导致情绪效价差异的现象，并不意味其传播行为具有同质性，而是折射出社交网络中情绪传播的多维解耦特征——情绪效价作为表层指标，已无法完全捕获人格特质对信息传播的深层影响。这种解耦通过两个层面实现：首先，在信息功能维度，高宜人性用户的积极传播具有关系黏合功能，其内容多嵌入互助、感恩等社会资本要素；低宜人性群体的积极传播则呈现工具导向，更多服务于个人形象管理或资源获取。其次，在传播网络拓扑中，高宜人性用户通过情绪传播构建密集的强关系集群，形成以情感支持为核心的信息生态位；低宜人性用户则发展出辐射状的弱连接网络，其情绪传播更依赖算法推荐而非人际信任。这种功能分异导致相同的情绪效价产生截然不同的社会效应：高宜人性群体的积极传播促进群体凝聚力，但可能抑制批判性对话；低宜人性群体的积极传播加速信息流动性，但易诱发社交攀比。平台算法的介入进一步复杂化这一图景：基于互动量的推荐系统无法识别情绪效价背后的动机差异。未来研究需突破情绪效价的单一维度，在情感粒度、叙事框架、传播语境等多层次建立人格特质的分析矩阵，方能真正揭示社交网络中情绪传播的复杂生态。

4.1.8 尽责性人格的情绪效价偏好

利用前述社交网络用户人格特质识别模型，笔者对样本库中随机抽取的2000个新浪微博用户进行宜人性人格特质分析，数据结果显示：其中的1570个用户可以被识别为尽责性人格维度上的倾向，其中938个用户为高尽责性人格，632个用户为低尽责性人格。之后，笔者利用本章第4.1.3节训练的文本情绪效价识别模型，分别对高低尽责性人格的两组微博用户所转发的信息（数据清洗过程见本章第4.1.3节）进行情绪效价识别。描述性统计如表4-5所示。

表4-5 不同尽责性水平用户信息传播情绪效价描述性统计

尽责性水平	情绪效价均值	情绪效价中位数	情绪效价最大值	情绪效价最小值	情绪效价标准差
高	0.56	0.55	0.83	0.13	0.11
低	0.67	0.67	0.99	0.12	0.17

以尽责性水平为自变量，信息传播情绪效价为因变量作方差分析：方差齐性检验结果为 $p=0.000$，方差不齐，不符合方差分析基本要求；因此采用 Brown-Forsythe 检验，检验结果 $p=0.000$，通过组间差异显著性检验。结合描述性统计结果，可以看出，尽责性高的社交网络用户在信息传播过程中，偏好传播的信息在情绪效价维度上显著低于尽责性低的用户。

尽责性特质对信息传播情绪效价的影响，本质上源于目标管理系统与情绪加工模式的交互作用。高尽责性用户具有显著的任务导向认知架构——其信息筛选过程始终以目标达成为核心标准，这种认知优先性导致情绪效价被系统性地降维处理。在认知决策层面，尽责性特质的核心特征（如秩序需求、成就驱动）触发双重过滤机制：其一为风险规避倾向，对高情绪效价信息（尤其是积极内容）的潜在误导性保持警惕，更倾向传播经过事实核查的中性信息；其二为认知闭合需求，追求信息传播的确定性与可预测性，而情绪化内容固有的模糊性与其认知偏好相抵触。这种目标导向的信息处理模式在传播行为中表现为"情感折价效应"——即使面对相同内容，高尽责性用户也会通过语境重构（如添加警示性按语）或焦点转移（如强调事实而非情绪）主动剥离信息的情绪溢价。社会角色理论为此提供补充解释：高尽责性用户在社交网络中往往自我定位为"信息守门人"，其传播行为承载着群体责任认知，这种角色期待迫使其抑制情绪表达以维持传播内容的工具理性。值得注意的是，这种情绪抑制并非情感麻木的结果，而是认知资源战略性分配的表现——高尽责性用户将情绪能量转化为信息核查、逻辑整合等认知劳动，形成独特的"情感认知替代"机制。

尽责性特质导致的情绪效价差异，在社交网络生态中演化为系统功能分化与群体认知冲突的复合体。从信息生态视角看，高尽责性用户的低情绪效价传播构建"风险预警系统"，其传播内容如同社会认知的减震器，通过持续输出审慎信息缓冲群体决策中的乐观偏见；而低尽责性群体的高情绪效价传播则形成"社会润滑系统"，通过情绪共鸣维持网络互动的流动性。这种功能互补的潜在价值，却在算法时代遭遇结构性扭曲：基于互动量的推荐机制赋予高情绪效价信息传播优势，导致高尽责性用户的审慎内容被系统性边缘化，形成"责任传播困境"。这种困境在认知层面表现为双重异化——高尽责性用户为适应传播规则被迫进行"情绪伪装"（如为严肃信息添加娱乐化标签），而低尽责性用户则在算法激励下加剧"情绪通胀"（如滥用积极表情符号稀释信息价值）。文化情境在此过程中发挥调节作用：在风险规避型社群，高尽责性用户的低情绪传播可能获得"可信度溢价"，其内容通过制度性通道（如权威账号转发）实现影响力补偿；而在创新导向型社群，相同传播模式可能被污名化为"保守主义符号"。这种文化认知差异揭示情绪效价评价的语境依赖性——同一条低情绪效价信息，在危机语境中可能被解码为负责任，在发展语境中则被视为缺乏建设性。破解当前生态失衡需构建三维干预体系：在个体层面培育"情绪粒度"认知，使尽责性特质与情感表达实现策略性兼容；在技术层面开发

"责任传播指数",通过算法加权平衡情绪效价与信息可信度的关系;在社会层面建立"认知模式切换"机制,根据传播场景动态调整情绪效价的规范阈值。唯有实现责任伦理与传播效率的再平衡,才能使不同尽责性群体的传播行为真正服务于信息生态的可持续发展。

4.1.9 基于人格特质的信息传播情绪效价模型

综合前述分析结果,可以发现,在社交网络信息传播的情绪效价特征维度上,宜人性人格特质上有不同倾向的用户不存在差异化表现;高尽责性和高神经质性用户比低尽责性和低神经质性用户传播了更多的消极情绪信息;高外向性和高开放性用户比低外向性和低开放性用户传播了更多积极情绪信息。基于此,笔者构建了基于人格特质的信息传播情绪效价模型,如图4-1所示。图中实线箭头代表对应人格特质对社交网络用户信息传播的情绪效价偏好有影响,虚线箭头则表示没有影响。

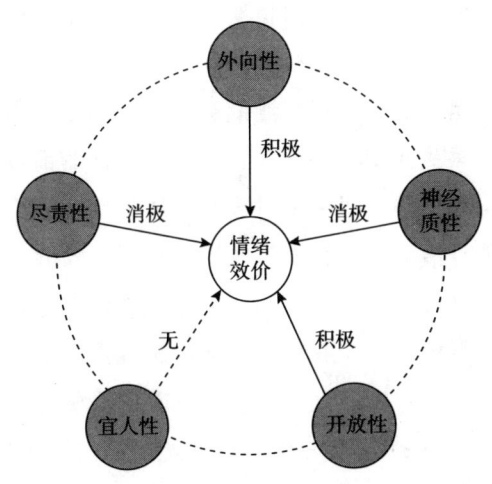

图4-1 基于人格特质的信息传播情绪效价模型

以大五人格框架下的细分人群为出发点,研究社交网络信息传播的情绪效价偏好,能够更有效地回答前述问题。过往研究社交网络用户信息传播意愿的时候,忽视了对用户群体的细分问题。如果将人群按照大五人格模型进行细分,不同人格特质的用户对传播信息的情绪效价是积极的还是消极的倾向是有差异的，信息传播过程中情绪效价发挥的作用不仅来源于信息的情绪效价本身，同时还与信息传播主体的人格特质紧密相关。

　　大五人格特质对信息传播的影响并非孤立存在，其情绪效价偏好的形成本质上是多维人格要素非线性互动的结果。以高神经质性与高尽责性群体为例，两者虽均倾向传播消极情绪信息，但驱动机制存在本质分野：高神经质性用户的消极传播源于焦虑情绪的认知外溢，其信息选择受情绪脆弱性主导；而高尽责性用户的消极传播则源自风险预警的责任认知，其行为逻辑建立在系统性评估之上。这种差异在危机事件中尤为显著——前者可能传播未经核实的恐慌信息以缓解自身不安，后者则倾向于转发权威机构的警示内容以履行公民责任。更具复杂性的是人格特质的补偿效应：当高开放性特质与高神经质性共存时，个体的消极信息传播可能转化为创造性解决方案的探讨（如将环境危机信息重构为技术创新议题），此时情绪效价的中性化处理成为认知重构的副产品。此类交互效应揭示，单一维度的情绪效价分析可能严重低估人格特质的解释力，未来研究可以尝试将特质组合视为具有涌现属性的整体系统。

　　人格特质对情绪效价的影响并非静态恒定，而是在信息接触、社交反馈与环境变迁中持续演变的动态过程。神经质用户的消极传播倾向可能随焦虑情绪的波动呈现周期性变化。尽责性群体的传播行为可能展现时间贴现特征：即时性消极信息（如突发事故）传播意愿较低（因需核查事实），而长期性风险信息（如气候变化）传播持续性更强，这种差异源于其目标管理系统的时间标度偏好。开放性特质的情绪传播动态更具辩证性：初期通过积极信息拓展认知边界的正向循环，可能随信息过载逐渐转化为"积极倦怠"，进而发展出中性甚至审慎负面的传播倾向以维持认知生态平衡。这种动态性对传统横截面研究提出挑战，未来研究可能需要引入时间变量，在三个时间尺度上展开追踪：微观层面捕捉情绪传播的即时反应（秒级）、中观层面分析行为模式的周期性波动（日/周级）、宏观层面观察人格与传播策略的协同演化（年级）。

　　社交媒体的算法逻辑正在悄然改写人格特质与情绪传播的传统关系，催生出数字化人格（digital personality）这一新型分析对象。算法推荐系统通过两种机制重构人格影响路径：其一是行为数据的特质归因——将用户的情绪传播偏好反向标签化为"乐观型""谨慎型"等人格画像，这种数据化的人格建构可能引发自我实现的预言效应（如被标注为"积极传播者"的用户无意识强化该行为模式）；其二是传播环境的特质筛选——协同过滤持续推送人格同质化内容，使高外向性用户陷入积极情绪的"回音室"，而高神经质性用户被困于消极信息的"焦虑茧房"。

4.2 人格特质与情绪唤醒度

4.2.1 信息中的情绪唤醒度

高唤醒度的情绪包括快乐、惊奇、愤怒、生气、恐惧、厌恶等，低唤醒度的情绪包括放松、温顺、悲伤、轻蔑等。高唤醒情绪和低唤醒情绪对不同信息行为的影响强度存在差异。具体来说，在高唤醒情绪下，用户在处理信息时容易出现认知偏差。此时，用户忽略了对内容真实性和客观性的分析，相信主观判断，导致盲从。

一方面，在社交媒体信息行为中，转发行为具有耗时少、操作便捷的特点。因此，转发行为是用户在高唤醒情绪下面对观点相似的信息内容时更有可能选择的一种信息行为。相反，低唤醒情绪的用户在信息处理上更理性，更容易形成新的观点和态度，从而导致更多的内容创作的发布和评论行为。

另一方面，也有研究发现，对于已经处于高度警惕状态或高度觉醒状态的人来说，高唤醒度的信息并不能发挥"唤醒"作用。这样的语言强度会消极地违背期望，从而抑制个体的信息处理和传播欲望。例如，有学者研究了接收者焦虑和语言强度之间的关系，他们的研究结果表明，当信息接收者经历高水平的焦虑时，使用低唤醒度水平的语言更有说服力。❶ 还有学者研究发现网络信息的传播受到积极情绪的影响，而且对于这种具有传染性的信息而言，其传播效果受到生理唤醒的影响，具有高唤醒特征的信息内容更容易被传播。有学者在一项实验研究中发现，参与者选择传播积极的低唤醒画面，而不是消极的高唤醒画面。❷

在已有研究的基础上，为了进一步探索不同人格特质对社交网络用户信息传播的情绪唤醒度偏好，本节将首先基于 BERT 神经网络，构建文本情绪效价唤醒度模型；然后沿用前文的社交网络用户人格识别数据结果，并利用情绪唤醒度识别模型，分别对五个人格维度具有不同高低倾向的微博用户所转发的信息进行情绪唤醒度识别；最后，结合每位用户的人格特质倾向和其全部转发信息的情绪唤醒度均值，笔者对数据进行可视化处理和方差分析，关联用户人格特质和其传播的信息情绪唤醒度特征，探索不同人格特质的社交网络用户在信息传播过程中对情绪唤醒度的差异化偏好。

与前述情绪效价识别模型相类似，本节基于 BERT & LSTM 神经网络构建文本的情绪唤醒度识别模型。差别在于，本节构建的模型利用的训练数据集为标注了情绪唤醒度的数据集，模型的输出为文本的情绪唤醒度（0 为低唤醒度，1 为高唤醒度）。

本节所用数据与前文为同源数据，笔者不再对数据采集与清洗过程进行详述。模型训练过程与上一节相类似，同样使用中文语境下的开放数据，利用已经完成情绪唤醒度标注的开源数据进行情绪效价模型训练，之后将训练好的模型用于本节数据的情绪唤醒度识别。本节所用训练数据同样选自清华大学计算机系和哈尔滨工业大学深圳研究生院在中国人工智能大赛网站上公开的数据，最终，基于 BERT 神经网络的情绪效价识别准确率为 97.91%。对全部语料进行情绪效价分类后，61.31% 为高情绪唤醒度语料，38.69% 为低情绪唤醒度语料。

---

❶ HAMILTON M A, HUNTER J E, BURGOON M. An empirical test of an axiomatic model of the relationship between language intensity and persuasion [J]. Journal of Language and Social Psychology, 1990, 9 (4): 235-255.

❷ VAN LEEUWEN F, PARREN N, MITON H, et al. Individual choose-to-transmit decisions reveal little preference for transmitting negative or high-arousal content [J]. Journal of Cognition and Culture, 2018, 18 (1-2): 124-153.

4.2.2 外向性人格的情绪唤醒度偏好

沿用第4章的微博用户人格特质识别结果，笔者对1289个能够被识别为外向性人格高低倾向的用户所转发的信息（数据清洗过程见第4章第4.1.3节）进行情绪唤醒度识别。描述性统计如表4-6所示。

表4-6 不同外向性水平用户信息传播情绪唤醒度描述性统计

外向性水平	情绪唤醒度均值	情绪唤醒度位数	情绪唤醒度最大值	情绪唤醒度最小值	情绪唤醒度标准差
高	0.63	0.62	0.94	0.02	0.12
低	0.61	0.62	0.99	0.05	0.14

以外向性水平为自变量，信息传播情绪唤醒度为因变量作方差分析：方差齐性检验结果为 $p=0.000$，方差不齐，不符合方差分析基本要求；因此采用 Brown-Forsythe 检验，检验结果 $p=0.581$，表明组间差异不显著。综合上述数据分析结果可知，外向性高和外向性低的社交网络用户在信息传播过程中，偏好传播的信息在情绪唤醒度维度上没有差异。

外向性特质在情绪唤醒度维度上的传播趋同现象可能是生物本能与社会规范协商的结果：一方面，社交网络的公开性迫使用户将情绪唤醒度调整至群体可接受的中位区间，避免因过度亢奋或过度压抑引发的社交排斥；另一方面是情绪识别的算法中介化，平台通过表情符号推荐、关键词过滤等技术手段将离散的情绪强度谱系压缩为有限的标准化选项（如"兴奋"与"平静"的二选一）。这种协商结果无形中抹平了外向性人格特质在信息传播偏好上可能存在的唤醒度差异，同时掩盖了能量消耗的本质差异——高外向性用户的情绪传播是神经资源的自然溢出，而低外向性群体则需支付更高的认知成本进行情绪强度管理。更深层的矛盾在于情绪唤醒的功能异化：对高外向性用户，适度的唤醒是社交参与的润滑剂；对低外向性群体，相同的唤醒度可能成为维持社会连接的"最低能耗模式"。这种同形异质的传播模式，可能是社交网络对人性复杂度的技术简化。未来研究可能需要在情感持续时间、唤醒轨迹形态等维度重建分析模型，以捕捉外向人格特质差异在情绪唤醒度均质化表象下的真实作用机制。唯有理解这种隐匿分化，才能避免将技术中介的情绪趋同误读为人格特质的生态消解。

4.2.3　神经质性人格的情绪唤醒度偏好

沿用第4章的微博用户人格特质识别结果，笔者对1299个能够被识别为神经质性人格高低倾向的用户所转发的信息（数据清洗过程见第4章第4.1.3节）进行情绪唤醒度识别。描述性统计如表4-7所示。

表4-7　不同神经质性水平用户信息传播情绪唤醒度描述性统计

神经质性水平	情绪唤醒度均值	情绪唤醒度位数	情绪唤醒度最大值	情绪唤醒度最小值	情绪唤醒度标准差
低	0.46	0.41	0.97	0.02	0.15
高	0.57	0.57	0.99	0.04	0.17

以神经质性水平为自变量，信息传播情绪唤醒度为因变量作方差分析：方差齐性检验结果为 $p=0.000$，方差不齐，不符合方差分析基本要求；因此采用 Brown-Forsythe 检验，检验结果 $p=0.000$，通过显著性水平检验。结合描述性统计结果，可以确认，神经质性高的社交网络用户在信息传播过程中，偏好传播的信息在情绪唤醒度维度上显著高于神经质性低的用户。

神经质性高低用户在情绪唤醒度传播偏好上的分化，可能在于神经系统的威胁侦测优势与认知资源分配的失衡。高神经质性用户的信息传播行为存在焦虑外化的认知调节策略：通过将内在情绪波动投射为外部信息传播，试图在社交反馈中重建控制感。这种特征在危机信息传播中尤为显著——高神经质性用户会放大事件的即时威胁性，通过唤醒度升级制造认知紧迫感；而低神经质性群体则更关注解决方案的可操作性，通过唤醒度控制维持理性框架。更深层的矛盾在于唤醒度的社会定价差异：高神经质性用户将高唤醒传播视为风险对冲工具（"预警即责任"），而低神经质性用户则视其为社交污染源（"恐慌无益"），这种认知分异导致相同信息在不同人格群体中经历截然不同的唤醒度编码。

社交媒体的技术架构将神经质性特质的唤醒度偏好从个体行为推演为群体现象，形成"焦虑数字化"的新型传播生态。算法推荐系统通过三重机制放大高神经质性用户的高唤醒传播倾向：首先，情绪强度与用户黏性的正相关关系，使高唤醒内容获得系统性流量倾斜；其次，协同过滤机制将高神经质性用户编织成"唤醒共振网络"，其传播的高唤醒信息在同质化群体中形成情绪感染闭环；最后，即时反馈机制（如点赞数、转发量）将唤醒度转化为可量化的社交资本，强化"高唤醒＝高影响"的认知偏差。这种技术强化导致高神经质性用户的传播行为发生本质异化：原本作为焦虑缓解手段的高唤醒传播，异变为维持数字存在感的表演性劳动（如刻意使用感叹号、警报性表情）。与此同时，低神经质性群体在算法生态中面临双重困境：其理性传播模式因唤醒度不足遭遇能见度压制，而被迫进行的唤醒度伪装（如为科普信息添加耸动标题）又加剧认知失调。这种生态压力催生出新型认知代偿策略——高神经质性用户发展出"唤醒度套利"模式（如将私人焦虑转化为公共议题），低神经质性用户则构建"唤醒度缓冲区"。平台设计的文化特异性进一步复杂化此过程：在个体主义文化中，高唤醒传播可能被解读为"公民警觉性"，获得道德正当性；而在集体主义语境下，相同行为易被认为"破坏和谐"。破解这一困局需在多样性保护与信息生态健康间建立平衡，使高唤醒传播从焦虑出口转化为建设性的社会预警系统。

4.2.4 开放性人格的情绪唤醒度偏好

沿用第 4 章的微博用户人格特质识别结果，笔者对 1353 个能够被识别为开放性人格高低倾向的用户所转发的信息（数据清洗过程见第 4 章第 4.1.3 节）进行情绪唤醒度识别。描述性统计如表 4－8 所示。

以开放性水平为自变量，信息传播情绪唤醒度为因变量作方差分析：方差齐性检验结果为 $p=0.777$，方差齐，符合方差分析基本要求，检验结果 $p=0.000$，通过显著性水平检验。结合描述性统计结果，可以看出，开放性高的社交网络用户在信息传播过程中，偏好传播的信息在情绪唤醒度维度上显著低于开放性低的用户。

表4-8 不同开放性水平用户信息传播情绪唤醒度描述性统计

开放性水平	情绪唤醒度均值	情绪唤醒度位数	情绪唤醒度最大值	情绪唤醒度最小值	情绪唤醒度标准差
高	0.53	0.53	0.96	0.14	0.13
低	0.64	0.64	0.98	0.11	0.13

开放性特质对情绪唤醒度的传播偏好差异，可能源于认知加工模式与情绪整合能力的结构性分化。高开放性用户的信息处理系统具有显著的"语义扩展性"，擅长跨模态联想与概念整合机制，这种认知特性要求情绪唤醒度维持在中低区间以保证充分的认知资源分配。例如，面对同一社会事件，高开放性用户更有可能剥离其情绪外壳，转而传播事件背后的结构成因分析，通过降低唤醒度来拓展讨论的认知纵深。与之相对，低开放性用户的认知系统遵循"情绪—行为"的快捷通道原则，其信息加工依赖情绪标签的快速识别与分类，高唤醒度信息（无论是积极还是消极）因具有更强的注意捕获能力而优先进入传播队列。更深层的矛盾在于情绪唤醒的功能定位差异——对高开放性群体，唤醒度是认知探索的干扰源；而低开放性用户则将唤醒度视为信息价值的代理变量，通过情绪强度快速判断内容的传播优先级。这种认知策略的根本分野，使得相同信息在不同开放性群体中经历截然不同的唤醒度过滤：高开放性用户构建的是"认知优先"的传播框架，低开放性群体遵循"情绪优先"的选择逻辑。

开放性特质导致的唤醒度传播差异，可能重构社交网络的信息层级体系，形成"认知深度"与"情绪能见度"的生态张力。高开放性用户的低唤醒度传播模式实质构建了"慢信息"生态位——其内容依赖认知连贯性而非情绪爆发力实现跨圈层渗透，这种传播特性在知识密集型社群中形成独特的文化资本积累模式（如通过深度评论文本建立专业声誉）。然而，在算法主导的注意力经济中，这种模式遭遇结构性压制：推荐系统的时间贴现机制（优先推广即时互动内容）与情绪强度权重设置，系统性边缘化低唤醒度信息的传播效能。这种技术偏向性迫使高开放性群体发展出"唤醒度补偿"策略：将深度内容拆解为系列中等唤醒度的认知"路标"（如将长篇论述转化为悬念式提问链），在保持认知价值的同时适配平台传播规则。反观低开放性用户的高唤醒度传播，则天然契合社交媒体的"情绪资本主义"特性——通过唤醒度杠杆撬动流量分配，但其代价是认知深度的持续耗散，最终形成"高唤醒—浅认知—强衰减"的信息速朽循环。这种生态分化催生新型认知不平等：高开放性群体在专业场域积累的认知资本难以转化为大众影响力，而低开放性用户的情绪传播优势又无法沉淀为可持续的知识资产。文化语境的调节作用在此过程中愈发凸显：在反思性文化环境中（如学术社交网络），低唤醒度传播可能获得"深度溢价"；而在娱乐主导的平台生态里，相同内容则被降级为"认知冗余"。破解这一困境需构建双轨制传播生态：设计"认知能见度指数"，通过算法加权识别深度内容的时间价值；开发"唤醒度转化工具"，将情绪传播优势导向建设性议题。唯有在技术架构中植入认知多样性保护机制，才能实现情绪传播与知识传递的生态平衡，使开放性特质的唤醒度差异从传播障碍转化为信息进化的创新动力。

4.2.5 宜人性人格的情绪唤醒度偏好

沿用第 4 章的微博用户人格特质识别结果，笔者对 920 个能够被识别为宜人性人格高低倾向的用户所转发的信息（数据清洗过程见第 4 章第 4.1.3 节）进行情绪唤醒度识别。描述性统计如表 4-9 所示。

表 4-9 不同宜人性水平用户信息传播情绪唤醒度描述性统计

宜人性水平	情绪唤醒度均值	情绪唤醒度位数	情绪唤醒度最大值	情绪唤醒度最小值	情绪唤醒度标准差
高	0.40	0.40	0.80	0.02	0.14
低	0.66	0.67	0.99	0.04	0.16

以宜人性水平为自变量，信息传播情绪唤醒度为因变量作方差分析：方差齐性检验结果为 $p=0.086$，方差齐，符合方差分析基本要求，检验结果 $p=0.000$，通过组间差异显著性检验。结合描述性统计，可以看出，宜人性高和宜人性低的社交网络用户在信息传播过程中，偏好传播的信息在情绪唤醒度维度上有明显差异：宜人性高用户人群相比宜人性低用户人群

更偏好低情绪唤醒度信息。

高宜人性用户对低情绪唤醒度信息的偏好，本质上是亲社会动机与情绪风险管理策略共同作用的产物。宜人性特质所包含的共情敏感度、合作倾向与冲突规避需求，塑造了独特的情绪传播认知框架。在信息筛选过程中，高宜人性用户始终以群体和谐维护为核心准则，其唤醒度选择实质是社交风险评估的具象化表现。这类人群通常能够快速模拟他人情绪反应，预判高唤醒信息可能引发的社交摩擦（如激烈争议引发的群体分裂），从而主动抑制高唤醒内容的传播冲动。认知决策层面存在双重过滤机制：其一是预期性共情调节——通过心理模拟评估信息传播后的情绪连锁反应，对可能引发他人不适的高唤醒内容（如极端化观点或煽动性言论）实施预先阻断；其二是关系成本核算——将情绪唤醒度转化为社交资本损耗的量化指标，低唤醒信息因具有更高的情感兼容性而被高宜人性人群赋予传播优先级。进化心理学视角为此提供深层解释：宜人性特质在人类协作进化中发展出的情绪缓冲功能，要求个体通过唤醒度控制来维系群体稳定——过度情绪唤醒可能破坏合作所需的信任基础，而适度唤醒则保持必要的情感联结。值得注意的是，这种唤醒度抑制并非情感淡漠的表现，而是将情绪能量重新定向至关系维护行为（如添加安抚性评论或提供解决方案），形成"低唤醒传播—高共情互动"的补偿机制。

宜人性特质与情绪唤醒度的关联模式，在算法主导的社交生态中经历着复杂的价值重构。高宜人性用户建构的低唤醒传播网络，本应作为数字公共领域的"情感减震器"，却因平台经济的运行逻辑遭遇系统性扭曲。首先，算法推荐系统对高互动内容的偏好，迫使高宜人性群体在"唤醒度伪装"与"关系价值流失"间艰难抉择——要么为提升能见度给温和内容添加情绪化标签（如将理性倡议包装成道德呼吁），要么坚守低唤醒策略承受社交边缘化风险；其次，社交平台的即时反馈机制将情绪唤醒度异化为"注意力货币"，导致高宜人性用户精心维护的关系型传播（如持续分享低唤醒支持性信息）被简化为"低价值交互"，而偶发的高唤醒冲突内容反而获得算法奖励，这种价值倒挂引发认知策略的适应性畸变。为应对这种畸变，需要在技术层面设计"关系价值指数"，通过算法识别低唤醒传播的长期社交收益，在生态层面建立"唤醒度保护区"，为深度关系建设保留非情绪化交互空间。唯有重新定义社交平台的价值评估维度，使情绪唤醒度从流量博弈工具回归为关系调节手段，才能释放高宜人性群体在数字文明建设中的治理潜能。

4.2.6　尽责性人格的情绪唤醒度偏好

沿用第4章的微博用户人格特质识别结果，笔者对1570个能够被识别为尽责性人格高低倾向的用户所转发的信息（数据清洗过程见第4章第4.1.3节）进行情绪唤醒度识别。描述性统计如表4-10所示。

表4-10　不同尽责性水平用户信息传播情绪唤醒度描述性统计

尽责性水平	情绪唤醒度均值	情绪唤醒度位数	情绪唤醒度最大值	情绪唤醒度最小值	情绪唤醒度标准差
低	0.64	0.65	0.98	0.10	0.15
高	0.61	0.60	0.94	0.34	0.10

以尽责性水平为自变量，信息传播情绪唤醒度为因变量作方差分析：方差齐性检验结果为 $p=0.000$，方差不齐，不符合方差分析基本要求；因此采用 Brown-Forsythe 检验，检验结果 $p=0.010$，该值满足了统计学中显著性水平的要求，即 $p<0.05$。结合描述性统计结果，可以看出，尽责性高的社交网络用户在信息传播过程中，偏好传播的信息在情绪唤醒度维度上低于尽责性低的用户。

尽责性特质对情绪唤醒度的传播偏好差异，可能源于目标导向认知框架与情绪加工系统的动态制衡。高尽责性用户的信息处理多以任务完成为核心，在信息筛选时优先剥离情绪强度要素，保留事实性内核。这种认知模式触发双重抑制机制：其一为预期风险管控，高唤醒信息（无论积极还是消极）因可能引发不可控的社交反馈（如情绪化争论或过度关注），被视为目标达成的干扰因素而被系统规避；其二为认知闭合需求，高尽责性用户追求信息传播的确定性与可验证性，而情绪唤醒度固有的模糊性（如同样愤怒情绪可能对应不同事件）与其秩序需求相冲突。例如面对突发新闻事件，高尽责性用户会延后传播以进行事实核查，在此过程中通过认知重评（如将恐慌性描述转化为中性陈述）降低信息唤醒度。相较之下，低尽责性用户的信息处理依赖情绪启发式策略，形成"情绪即价值"的决策捷径。这种认知分异在危机传播中尤为显著：高尽责性用户构建的"低唤醒信息链"如同社会认知的减震器，通过持续输出审慎内容缓冲群体决策中的非理性冲动；而低尽责性群体的高唤醒传播则形成情绪感染的加速器，在短期内提升参与度却牺牲信息生态的可持续性。

尽责性特质与情绪唤醒度的关联模式，在算法主导的传播生态中遭遇价值异化与功能扭曲的双重危机。高尽责性用户精心维护的低唤醒传播网络，本应作为信息生态的稳定锚点，却因平台经济的运行逻辑陷入结构性困境。首先，推荐算法对互动速率的优先级设置，使高唤醒内容获得系统性传播优势，导致审慎传播者遭遇"能见度惩罚"；其次，即时反馈机制将情绪强度异化为社交资本度量标准。这种压力催生适应性畸变——部分高尽责性用户发展出"分段式传播"策略，将完整信息拆解为高唤醒导流片段与低唤醒主体内容，通过技术性妥协维持责任伦理底线。反观低尽责性群体的高唤醒传播，虽短期内获得算法奖赏，却引发"情绪通胀"效应，即持续升级的情绪强度要求导致信息真实性不断让位于感官刺激，最终形成"唤醒度军备竞赛"。

4.2.7 基于人格特质的信息传播情绪唤醒度模型

综合前述分析结果，可以发现，在社交网络信息传播的情绪唤醒度特征维度上，外向性人格特质有不同倾向的用户不存在差异化表现；高宜人性、高尽责性和高开放性用户传播了更多的低情绪唤醒度信息；高神经性用户传播了更多的高情绪唤醒度信息。基于此，笔者构建了基于人格特质的信息传播情绪唤醒度模型，如图4-2所示，图中实线箭头代表对应人格特质对社交网络用户信息传播的情绪唤醒度偏好有影响，虚线箭头则表示没有影响。

人格特质对情绪唤醒度的影响是认知系统与情绪系统交互作用的结构性分异所致。高宜人性、尽责性与开放性群体在传播低唤醒度信息时，共享一种认知主导型情绪调节模式：通过语义重构（如将愤怒转化为议题分

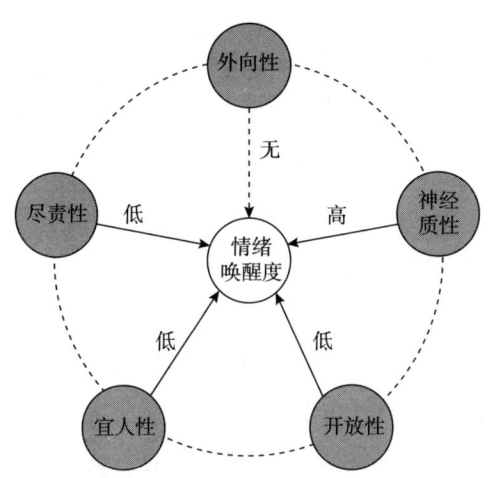

图4-2 基于人格特质的信息传播情绪唤醒度模型

析)、情景解离(剥离情绪元素保留事实框架)和预期模拟(预判高唤醒信息的社交风险)三重机制,系统性降低信息的情绪强度。这种分化在信息传播中形成两类生态位:认知型群体构建低唤醒的"稳态信息流",通过情绪稀释维持系统理性;情绪型群体生产高唤醒的"脉冲信息流",通过强度刺激争夺注意力资源。

高宜人性用户通过低唤醒传播扮演"群体黏合剂",其内容多嵌入关系维护元素(如温和建议、共识性观点),在降低社交摩擦的同时积累隐性社会资本;高尽责性群体以低唤醒信息履行"系统维护者"职责,通过审慎内容传播建构可信赖的公共形象;高开放性用户则利用低唤醒度作为"认知探索"的安全阈值,在避免情绪干扰的前提下拓展思想空间。这三类群体共同塑造着社交网络的"基础设施层",其低唤醒内容构成信息生态的稳定性基质。相反,高神经质性用户的高唤醒传播充当"生态扰动源",通过情绪强度突破信息过载的感知阈值,在短期内制造注意力峰值,但其代价是认知生态的熵增——过度唤醒导致理性对话空间萎缩,情绪化叙事挤压事实性讨论。这种分化形成数字社会的"代谢平衡":低唤醒内容维持系统常态运行,高唤醒冲击激发适应性反应。但算法推荐系统的介入打破了自然平衡,即人格特质本应作为信息多样性的保障,却在技术框架中沦为算法优化的变量。用户被迫在真实特质与算法友好型人格面具间分裂。

4.3 人格特质与文本抽象度

4.3.1 文本的抽象度表征

概念在人类认知中可分为具体概念与抽象概念。具体概念指那些能够通过人们的感官系统——包括视觉、听觉、味觉、嗅觉、触觉——或通过自身行动与外部世界直接交互体验的概念。直观而言，具体词语通常指代外部环境中存在的实体，这些实体可以直接被感官系统（如视觉、触觉）所感知。❶ 人们对具体概念的理解深深植根于所处的物理现实，因为可以通过各种感官直接感知其指称物，或者从身体上与之互动。这种物理存在使得具体概念的意义与人类的知觉系统和运动系统紧密关联，为其提供了一个相对稳定的、基于物理属性的理解框架。❷ 相反，抽象概念则无法通过直接的感官输入或身体行动来体验，其意义的建立主要依赖于语言定义和其他概念之间的逻辑关系，本质上源于语言表达和内省学习过程。抽象概念对于人类认知至关重要，它使人能够表达超越直接感官经验的重要思想，如复杂的科学理论、社会规范和法律制度，极大地拓展了人类思想的边界。❸ 与具体概念不同，抽象词汇通常不具备空间性特征，其意义更多地植根于特定情境之中，并且常常涉及主观的内在经验，例如复杂的认知过程（如推理、信念）和丰富的情感体验。❹

---

❶ BRYSBAERT M, WARRINER A B, KUPERMAN V. Concreteness ratings for 40 thousand generally known English word lemmas [J]. Behavior Research Methods, 2014, 46 (3): 904 – 911.

❷ BARSALOU L W, WIEMER – HASTINGS K. Situating abstract concepts [M] // PECHER D, ZWAAN R. Grounding cognition: the role of perception and action in memory, language, and thought. Cambridge: Cambridge University Press, 2005: 129 – 163.

❸ LENKA, ZDRAZILOVA, DAVID M, et al. Communicating abstract meaning: concepts revealed in words and gestures [J]. Philosophical Transactions of The Royal Society B – Biological Sciences, 2018, 373: 20170138.

❹ WIEMER – HASTINGS K, XU X. Content differences for abstract and concrete concepts [J]. Cognitive Science, 2005, 29: 719 – 736.

为了深入解构具体概念与抽象概念之间的根本差异,学者们基于具身认知理论提出了语义表征的具身理论框架。这一理论的核心思想在于:首先,具体概念和抽象概念的意义是由两种不同类型的信息构成的。一种是语言衍生信息,主要产生于语言交流和使用本身;另一种是体验性信息,其来源有两个方面:一方面是源于感官运动系统与外部物理环境交互产生的信息,另一方面则是源于个体内在的精神状态,其中情感或情绪体验扮演着尤为关键的角色。其次,具体概念与抽象概念的核心区别在于它们融合这两种信息的比例和类型存在显著差异。最后,具体词语的意义表征中,感官运动信息在数量上占据主导地位;而对于抽象词语而言,情感体验和语言信息则成为其意义表征的主要支柱。❶这种构成上的差异直接导致了它们在认知加工和功能上的不同表现。

信息抽象度的差异,不仅体现在描述词汇的选择和细节的详略上,更会深刻影响信息的其他关键特性及其被处理的方式。在理解层面,具象语言因其与感官经验的紧密锚定,通常表现出比抽象语言更优的可理解性,能够有效降低语义的模糊性和不确定性。❷在记忆层面,根据双重编码理论(dual-coding theory),抽象性较低(更具体)的信息更容易被编码、存储和回忆。语言的抽象度对记忆、判断、学习、自我调节乃至行为选择都有着广泛而重要的影响,它为人们理解个体的认知抽象水平提供了一个关键窗口。抽象概念本身是影响学习效果、记忆准确性、判断形成、自我调节能力和最终行为结果的关键认知构造。❸围绕语言抽象度的研究已积累了大量证据,表明抽象语言显著影响信息加工深度和记忆持久性❹❺、情

---

❶ VIGLIOCCO G, KOUSTA S T, DELLA ROSA P A, et al. The neural representation of abstract words: the role of emotion [J]. Cerebral Cortex, 2014, 24 (7): 1767-1777.

❷ SADOSKI M, GOETZ E T, RODRIGUEZ M. Engaging texts: Effects of concreteness on comprehensibility, interest, and recall in four text types [J]. Journal of Educational Psychology, 2000, 92 (1): 85.

❸ BURGOON E M, HENDERSON M D, MARKMAN A B. There are many ways to see the forest for the trees: A tour guide for abstraction [J]. Perspectives on Psychological Science, 2013, 8 (5): 501-520.

❹ PAIVIO A. Dual coding theory: Retrospect and current status [J]. Canadian Journal of Psychology/Revue canadienne de psychologie, 1991, 45 (3): 255.

❺ SCHWANENFLUGEL P J, HARNISHFEGER K K, STOWE R W. Context availability and lexical decisions for abstract and concrete words [J]. Journal of Memory and Language, 1988, 27 (5): 499-520.

感内涵的感知强度[1]、信息的主观真实性判断及其持久性[2][3],甚至影响他人对信息传播者的社会评价。[4]

  一个尤为突出的差异点体现在与情感的关联上。大量统计研究发现,抽象词汇与情感的联系强度显著高于具体词汇。具体而言,大多数抽象词汇都带有明显的情感效价,无论是积极的(如自由、公正)还是消极的(如背叛、压迫);而具体词汇则更多地呈现情感中性状态(如桌子、铅笔)。[5] 这强烈暗示情感体验在抽象概念的表征中具有基础性作用。研究进一步揭示了词语的情感效价(积极、中性、消极)与其抽象性之间存在交互作用:带有情绪效价的抽象词语虽然在具体性评级上与其他抽象词一样低,但它们在可想象性和语境可用性上的评级却高得显著。[6] 语义分类任务的研究结果也支持这一观点:情绪信息能有效促进抽象词汇的加工速度与准确性,而感觉运动信息则主要促进具体词汇的加工。类似地,有学者发现,情感效价信息(无论是积极还是消极)对抽象词汇的语义理解具有显著的辅助作用,而对具象词汇的语义理解则影响甚微。[7]

  内在感受,即个体对身体内部状态(如心跳、呼吸、情绪引发的身体感觉)的感知,也被发现与抽象概念表征紧密相关。研究发现,内在感受

---

[1] KOUSTA S-T, VIGLIOCCO G, VINSON D P, et al. The representation of abstract words: why emotion matters [J]. Journal of Experimental Psychology: General, 2011, 140: 14-34.

[2] SEMIN G R, FIEDLER K. The linguistic category model, its bases, applications and range [J]. European Review of Social Psychology, 1991, 2 (1): 1-30.

[3] HANSEN J, WANKE M. Truth from language and truth from fit: The impact of linguistic concreteness and level of construal on subjective truth [J]. Personality and Social Psychology Bulletin, 2010, 36 (11): 1576-1588.

[4] WAKSLAK C J, SMITH P K, HAN A. Using abstract language signals power [J]. Journal of Personality and Social Psychology, 2014, 107 (1): 41-55.

[5] PONARI M, NORBURY C F, VIGLIOCCO G. Acquisition of abstract concepts is influenced by emotional valence [J]. Developmental Science, 2018, 21 (2): e12549.

[6] ALTARRIBA J, BAUER L M, BENVENUTO C. Concreteness, context availability, and imageability ratings and word associations for abstract, concrete, and emotion words [J]. Behavior Research Methods, Instruments & Computers, 1999, 31: 578-602.

[7] PEXMAN P M, YAP M J. Individual differences in semantic processing: Insights from the calgary semantic decision project [J]. Journal of Experimental Psychology: Learning, Memory, and Cognition, 2018, 44: 1091-1112.

强度的主观评分在抽象词汇意义上显著高于具体词汇意义，这表明内在感受状态对于抽象概念的表征比对于具体概念的表征更为重要。这种差异部分源于情绪本身具有抽象性且通常伴随着较高的内在感受等级（如强烈的情绪往往引发明显的身体反应）。有研究为此提供了行为证据：当参与者被要求在面对面任务中使用词语和手势来交流词汇含义时，他们在描述抽象概念的含义时，会明显更频繁地提及内在感受状态。[1] 这些发现共同勾勒出一幅图景：当直接的感官运动锚点缺失时，情感体验和内在的身体感受，连同语言构建的情境，共同为理解和表征抽象概念提供了至关重要的基础。

4.3.2 文本抽象度计算

具象词语通常是外部实体，可以通过视觉和触觉等感官系统感知；高度抽象的概念则来自语言和内省学习。[2] 研究发现，抽象词汇的意义植根于情境，并经常涉及主观经验，例如认知过程和情感体验。[3]

一方面Sadoski等学者考察了抽象性对语言理解的影响，认为具象语言的可理解性要优于抽象的语言，它们能降低模糊性。[4] 还有研究表明，具象语言具有较高的可验证性和较低的可争议性。[5] 此外，具象的语言可以

---

[1] ZDRAZILOVA L, SIDHU D M, PEXMAN P M. Communicating abstract meaning: concepts revealed in words and gestures [J]. Philosophical Transactions of The Royal Society B – biological Sciences, 2018, 373: 20170138.

[2] BRYSBAERT M, WARRINER A B, KUPERMAN V. Concreteness ratings for 40 thousand generally known English word lemmas [J]. Behavior Research Methods, 2014, 46 (3): 904 – 911.

[3] WIEMER – HASTINGS K, XU X. Content differences for abstract and concrete concepts [J]. Cognitive Science, 2005, 29: 719 – 736.

[4] SADOSKI M, GOETZ E T, RODRIGUEZ M. Engaging texts: effects of concreteness on comprehensibility, interest, and recall in four text types [J]. Journal of Educational Psychology, 2000, 92 (1): 85 – 95.

[5] SADOSKI M, GOETZ E T, FRITZ J B. A causal model of sentence recall: effects of familiarity, concreteness, comprehensibility, and interestingness [J]. Journal of Reading Behavior, 1993, 25 (1): 5 – 16.

使人更快、更深入地处理信息，更容易记住和回忆。❶❷ 具象语言不仅会增加信息的趣味性，还会引起更多的参与。❸ 另一方面，通常情况下，抽象性的表述方式简化了因果关系，并减少了因果关系的不确定性。因果不确定性给人带来压力，与很多负面的心理状态紧密相关，比如焦虑和明显的控制缺失感。❹ 有学者证明了抽象性表述可以引导人们关注事件背后更少、更核心的原因，减少因果不确定性给人带来的压力。该研究发现，在面对强不确定性事件时，社交媒体用户在点赞、转发信息时，会倾向于通过选择抽象语言表达的信息降低不确定性压力。❺

可以发现，信息的抽象性和具象性在信息传播中有不同的优势和劣势。那么，对于不同人格特质的社交网络用户来说，他们在信息传播过程中，是否存在文本抽象度的偏好差异？

为此，本节首先基于成熟的英文抽象度知识库，通过跨语言的知识迁移构建中文词语抽象度词典；然后沿用前文的社交网络用户人格识别数据结果与前述词典，分别对在五个人格维度上具有不同高低倾向的微博用户所转发的信息进行文本抽象度计算；最后，结合每位用户的人格特质倾向和其全部转发信息的文本抽象度均值，笔者对数据进行可视化处理，关联用户人格特质和其传播的信息抽象度特征，探索不同人格特质的社交网络用户在信息传播过程中对信息抽象度的差异化偏好。

与情绪效价和情绪唤醒度的识别不同，信息抽象性水平主要取决于其

---

❶ SCHWANENFLUGEL P J, STOWE R W. Context availability and the processing of abstract and concrete words in sentences [J]. Reading Research Quarterly, 1989, 24 (1): 114-126.

❷ WALKER I, CHARLES H. Concrete words are easier to recall than abstract words: evidence for a semantic contribution to short-term serial recall [J]. Journal of Experimental Psychology, 1999, 25 (5): 1256-1271.

❸ SADOSKI M, GOETZ E T, RODRIGUEZ M. Engaging texts: effects of concreteness on comprehensibility, interest, and recall in four text types [J]. Journal of Educational Psychology, 2000, 92 (1): 85-95.

❹ TOBIN S J, RAYMUNDD M M. Causal uncertainty and psychological well-being: the moderating role of accommodation (secondary control) [J]. Personality and Social Psychology Bulletin, 2010, 36 (3): 371-383.

❺ NAMKOONG J E, RO J H, HENDERSON M D. Responding to causal uncertainty in the twitter-verse: when abstract language and social prominence increase message engagement [J]. Journal of Interactive Marketing, 2019, 45: 81-98.

基本构成单位——词语是抽象的还是具象的,而与句子或段落的结构,或程度副词等的使用关系微弱。因此,笔者在衡量文本抽象度时以词语为核心,以每条语料中全部词语(不包括停用词)的抽象度的均值为语料抽象度。目前,由于我国学者对词语抽象性与具象性的研究主要集中在名词方面,学术界并不存在通用的中文词语抽象性水平知识库,因此笔者通过对英文词语抽象性水平知识库进行跨语言迁移来构建中文词语抽象性词表。

词语有很多属性,包括词性、词频、熟识度、抽象程度等。最早对词语抽象度的研究出现在1966年,学者斯普林(Spreen)和舒尔茨(Schulz)在认知领域内使用了词语抽象度。该研究通过调查问卷形式获取了329个名词的抽象度等属性,为后续的研究打下了基础。[1] 1980年,学者吉尔胡利(Gilhooly)和洛吉(Logie)通过问卷调查的方式,统计了1944个名词的抽象度,扩大了抽象词库。[2] 1981年,学者科特哈特(Coltheart)构建了MRC数据库,对数据库中词语的语言学和心理语言学属性进行标注。[3]

随着认知科学和计算机科学的发展,开始有学者研究如何在大规模的语料下,获得词语的抽象程度。2010年,有学者第一次提出了自动计算词语抽象度的方法,[4] 该方法适用于大规模的英语词语的抽象度计算,但是否适用于中文词语,还有待验证。后来的学者通过一系列的特征提取利用SVM对词语的抽象程度进行了计算。[5]

我国学者对词语抽象与具体的研究主要集中在名词方面,并且大多是语言学方面的定性分析,定量分析的相关研究还比较少。在自然语言处理

---

[1] SPREEN O, SCHULZ R W. Parameters of abstraction, meaningfulness, and pronunciability for 329 nouns [J]. Journal of Verbal Learning and Verbal Behavior, 1966, 5 (5): 459 – 468.

[2] GILHOOLY K J, LOGIE R H. Age – of – acquisition, imagery, concreteness, familiarity, and ambiguity measures for 1944 words [J]. Behavior Research Methods & Instrumentation, 1980, 12 (4): 395 – 427.

[3] COLTHEART M. The MRC psycholinguistic database [J]. The Quarterly Journal of Experimental Psychology, 1981, 33 (4): 497 – 505.

[4] TURNEY P, NEUMAN Y, ASSAF D, et al. Literal and metaphorical sense identification through concrete and abstract context [C] //Proceedings of the 2011 Conference on Empirical Methods in Natural Language Processing. 2011: 680 – 690.

[5] TANAKA S, JATOWT A, KATO M P, et al. Estimating content concreteness for finding comprehensible documents [C] //Proceedings of the Sixth ACM International Conference on Web Search and Data Mining. 2013: 475 – 484.

领域，赵红艳曾利用词语抽象与具体来进行隐喻识别，该学者利用 HowNet 词库，通过人工分类，分别将词语分为抽象和具体，标记为 0 和 1 作为词语的抽象度。贾玉祥等学者通过对英语词语抽象性知识库进行跨语言迁移，得到了 27401 个汉语词语的抽象性数值，并通过与 HowNet 及同义词词林中的抽象性知识对知识迁移的效果进行了比较，证明该方法具有良好的信效度。❶

综合比较词语抽象度计算的相关工作，笔者选择参考通用性较强且信效度良好的贾玉祥等学者的方法，计算微博文本中词语的抽象度。笔者用来迁移学习的知识库是布里斯贝尔特（Brysbaert）等学者构建的英语词语抽象性知识库。❷ 布里斯贝尔特（Brysbaert）等学者借助众包平台，发动 4000 多人为 6 万多个英语单词标注抽象程度信息，最后得到 39954 个单词的有效抽象性信息，抽象程度取值为 1~5，值越大越具体，值越小越抽象。这 39954 个词语涵盖了名词、动词、形容词等各种词性。该英语词语抽象性知识库与国际通用的 MRC 词性标注词典中关于词语抽象性的标注具有高度一致性，且在词语抽象性方面比 MRC 词典包括了更广泛的词语范围。该英语词语抽象性（具象性）知识库示例如表 4-11 所示。

表 4-11　英语词语抽象性（具象性）知识库示例

Word	Bigram	Conc. M	Conc. SD	Unknown	Total	Percent_known	SUBTLEX
essentialness	0	1.04	0.2	2	26	0.92	0
spirituality	0	1.07	0.37	0	30	1.00	46
spiritually	0	1.14	0.35	0	29	1.00	55
whatsoever	0	1.17	0.46	0	30	1.00	470
conceptualistic	0	1.18	0.5	4	26	0.85	0
conventionalism	0	1.18	0.48	1	29	0.97	0
belief	0	1.19	0.68	0	27	1.00	388
enlightening	0	1.19	0.4	0	27	1.00	37

---

❶ 贾玉祥，昝红英，范明，等. 面向隐喻识别的词语抽象性度量 [J]. 中文信息学报，2017, 31 (3): 41-47.

❷ BRYSBAERT M, WARRINER A B, KUPERMAN V. Concreteness ratings for 40 thousand generally known English word lemmas [J]. Behavior Research Methods, 2014, 46 (3): 904-911.

续表

Word	Bigram	Conc. M	Conc. SD	Unknown	Total	Percent_known	SUBTLEX
idealize	0	1.19	0.4	0	27	1.00	6
if	0	1.19	0.56	0	27	1.00	180610
perhaps	0	1.19	0.4	0	26	1.00	6939
agnostically	0	1.2	0.5	2	27	0.93	0
inasmuch	0	1.2	0.5	4	29	0.86	26
though	0	1.2	0.41	0	30	1.00	9279
ambivalent	0	1.21	0.57	1	29	0.97	12
figuratively	0	1.21	0.5	0	28	1.00	39
idealistic	0	1.21	0.56	0	29	1.00	41
inexplicable	0	1.21	0.5	1	29	0.97	38
interpretively	0	1.21	0.51	1	25	0.96	0
intuitively	0	1.21	0.56	0	29	1.00	5
terribly	0	1.21	0.49	0	29	1.00	1205
unenvied	0	1.21	0.62	1	30	0.97	0
in principle	1	1.21	0.41	4	28	0.86	0
because	0	1.22	0.51	0	27	1.00	54622
infinitely	0	1.22	0.51	1	28	0.96	48
irresolutely	0	1.22	0.52	3	26	0.88	0
infinitively	0	1.23	0.59	3	29	0.90	0
intuitive	0	1.23	0.5	0	30	1.00	54
thusly	0	1.23	0.51	1	27	0.96	8
wherever	0	1.23	0.59	0	26	1.00	1500
zing	0	1.23	0.43	4	26	0.85	60
advantageously	0	1.24	0.44	3	28	0.89	0
inconclusiveness	0	1.24	0.52	0	25	1.00	0
someway	0	1.24	0.52	2	27	0.93	4
absurdity	0	1.25	0.59	1	29	0.97	32
hope	0	1.25	0.59	0	28	1.00	16352
knowingness	0	1.25	0.53	3	27	0.89	0
answerability	0	1.26	0.62	4	27	0.85	0
conceptual	0	1.26	0.59	2	29	0.93	12

续表

Word	Bigram	Conc. M	Conc. SD	Unknown	Total	Percent_known	SUBTLEX
herewith	0	1.26	0.86	4	27	0.85	18
objectivism	0	1.26	0.71	2	29	0.93	0

表4-11各列数据依次展示了：词语、该词语是单个词语还是由两个单词构成的词组、具象性得分均值、具象性得分标准差、参与调研人员中不认识该词语的人数、为该词语进行具象性打分的总人数、参与调研人员中认识该词语的人数比例、该词语在SUBTLEX-US中出现的次数。

为了实现有关词语抽象度知识的迁移，笔者利用HowNet中的双语映射，将微博语料中的中文词语映射到上述英语词语抽象性知识库中。HowNet系统着力反映概念之间和概念的属性之间的各种关系，是一个知识系统，而不仅仅是一部语义词典。常识性知识库是HowNet最基本的数据库之一，它全部的主要文件，包括知识词典，构成了一个有机结合的知识系统。例如，主要特征文件、次要特征文件、同义、反义以及对义组的形成，以及事件关系和角色转换等都是系统的重要组成部分。因此，通过HowNet系统进行跨语言的映射能够尽可能减少语义损失。

具体方法是：如果目标中文词语在该英语词语抽象性知识库中有且仅有一个对应单词，则该单词的抽象度即为目标中文词语的抽象度；如果目标中文词语在该英语词语抽象性知识库中有两个或两个以上对应单词，则目标中文词语的抽象度为对应的多个英语单词抽象度的均值；如果目标中文词语在该英语词语抽象性知识库中没有对应单词，则该词语在后续文本抽象度计算过程中不计入词语总数。此外，为了和笔者的社交网络信息特征维度"抽象度"保持方向的一致性，以便于理解，笔者对上述英语词语抽象性知识库作了镜像处理，即抽象程度取值1~5，值越大越抽象。

例如中文"无形"一词，在HowNet中与"impalpable"、"imperceptible"和"intangible"三个词语对应，而这三个词语在英语词语抽象性知识库中的具象性得分分别为1.96、1.73和1.3。因此，笔者认为"无形"的具象性得分为1.66，抽象性得分为3.34。

最终，笔者计算得出了21606个微博语料中的中文词语的抽象度。

在生成带有抽象度标注的中文词语库的基础上，笔者对 2000 个焦点微博用户所转发的语料逐条进行抽象度计算，具体过程如下。

首先，笔者通过 Python 中的 Jieba 分词逐一对语料进行分词。Python 中分词工具很多，包括盘古分词、Yaha 分词、Jieba 分词、清华 THULAC 等，其中常用的为 Jieba 分词。Jieba 分词有 4 种模式，分别为精确模式、搜索引擎模式、全模式和 paddle 模式。在精确模式下，Jieba 试图将句子精确地切开，只输出最大概率组合；在搜索引擎模式下，Jieba 在精确模式基础上，对长词再次切分，提高召回率，适用于搜索引擎分词；在全模式下，Jieba 把句子中所有的可以成词的词语都扫描出来；在 paddle 模式下，Jieba 利用 paddle 深度学习框架，训练序列标注（双向 GRU）网络模型实现分词。笔者使用通用同时也是 Jieba 默认模式的精确模式。然后，为了减少各类助词对计算结果的干扰，在分词之后，笔者执行去除停用词操作，停用词包括"的""是""而且""但是""非常"等。最后，笔者逐一计算每条语料的全部词语的抽象度均值，以此作为该条语料的文本抽象度数值。[1]

4.3.3 外向性人格的抽象度偏好

沿用本书前文微博用户人格特质识别结果，笔者对 1289 个能够被识别为外向性人格高或低倾向的用户所转发的信息（数据清洗过程见第 4 章第 4.1.3 节）进行文本抽象度计算。描述性统计如表 4–12 所示。

表 4–12 不同外向性水平用户信息传播文本抽象度描述性统计

外向性水平	文本抽象度均值	文本抽象度位数	文本抽象度最大值	文本抽象度最小值	文本抽象度标准差
高	0.40	0.40	0.88	0.02	0.15
低	0.56	0.55	0.99	0.11	0.16

---

[1] 由于现有研究没有对文本抽象度形成定量计算方式，因此笔者所关注的抽象度为文本中全部词语的抽象度均值，简称文本抽象度，该指标可以在一定程度上反映文本的抽象度水平。

以外向性水平为自变量，信息传播文本抽象度为因变量作方差分析：方差齐性检验结果为 $p = 0.493$，符合方差分析基本要求；检验结果 $p = 0.000$，该值满足了统计学中显著性水平的最高要求。结合描述性统计分析，可以发现外向性高和外向性低（内向）的社交网络用户在信息传播过程中，偏好传播的信息在文本抽象度维度上有显著差异，高外向性人群比低外向性人群更偏好低抽象度的信息。

高外向性用户的核心社交动机在于即时互动与情感共鸣的快速达成，这要求其传播内容具有高度可感知性与低认知门槛。低抽象度信息（如具象事件描述、感官细节丰富的叙事）因能激发镜像神经元系统的即时反应，成为外向者构建社交连接的优选工具。具体细节是激活受众的体验模拟能力，降低互动延迟；明确的情感指向简化反馈路径，确保社交奖励的即时获取。相较之下，低外向性用户的传播行为服务于深度认知整合需求，其偏好高抽象度信息的内在逻辑包含双重机制：其一为认知缓冲，抽象表述提供的解释空间（如理论框架、隐喻系统）允许异步反思与个性化解读，缓解实时社交压力；其二为意义增殖，抽象信息的多义性特征（如哲学命题、艺术评论）契合内向者通过信息传播构建认知身份的需求。这种分化在数字社交中形成两类平行生态：外向者主导的"感知共同体"依赖具象信息维系高频互动，内向者建构的"意义网络"通过抽象内容沉淀认知资本。

外向性差异导致的抽象度传播偏好，正在重塑社交网络的语义分层体系，催生"具象霸权"与"抽象失语"并存的生态危机。高外向性群体对低抽象度信息的规模化传播，实质构建了"感官优先"的公共话语秩序，即具象内容通过算法推荐形成信息洪流，其易传播性挤压抽象表达的生存空间，导致公共讨论趋向扁平化。这种生态倾斜引发三重认知异化：首先，思维加速效应，持续接触低抽象度信息削弱受众的概念化能力，公共议题被简化为情绪化符号（如用"躺平"指代青年困境）；其次，认知圈层固化，抽象信息被迫退入专业社群，加剧大众传播与精英话语的割裂；最后，意义通胀危机，具象信息的过度增殖导致关键概念失去解释力（如"内卷"泛化为所有竞争场景）。低外向性群体虽保持抽象传播实践，却面临双重困境：在社交层面，其内容因认知门槛遭遇互动冷遇；在算法层面，抽象信息的低传播效能触发推荐降权。这种压力催生适应性畸变——部分内向用户发展出"抽象伪装"策略，将深度内容拆解为系列具象"路标"（如将理论框架转化为生活场景类比），在保留核心思想的同时适配外向主导的传播规则。可能的解决方案是重构信息估值体系：在技术层面，开发"抽象度平衡算法"，识别具象与抽象内容的生态互补性；在教育层面，培育"认知弹性素养"，提升用户在不同抽象层级间的切换能力；在文化层面，重振隐喻叙事传统，在具象载体中植入抽象思维基因。唯有使抽象度差异从传播障碍转化为认知多样性资源，才能在感官刺激与思想深度间建立动态平衡，实现数字文明的话语生态升级。

4.3.4 神经质性人格的抽象度偏好

沿用本书前文微博用户人格特质识别结果，笔者对1299个能够被识别为神经质性人格高低倾向的用户所转发的信息（数据清洗过程见第4章第4.1.3节）进行文本抽象度计算。描述性统计如表4－13所示。

表4－13 不同神经质性水平用户信息传播文本抽象度描述性统计

神经质性水平	文本抽象度均值	文本抽象度位数	文本抽象度最大值	文本抽象度最小值	文本抽象度标准差
高	0.55	0.56	0.99	0.01	0.15
低	0.52	0.50	0.99	0.11	0.17

以神经质性水平为自变量，信息传播文本抽象度为因变量作方差分析：方差齐性检验结果为 $p=0.001$，方差不齐，不符合方差分析基本要求；因此采用 Brown－Forsythe 检验，检验结果 $p=0.000$，通过组间差异显著性检验。结合描述性统计结果，可以看出，神经质性高低不同的社交网络用户信息传播的文本抽象度偏好存在显著差异：相较于低神经质性的社交网络用户，高神经质性社交网络用户倾向传播抽象度更高的信息。

高神经质性用户对高抽象度信息的传播偏好，可能是焦虑情绪与认知调控策略的适应性耦合产物。神经质特质所特有的威胁敏感性与反刍思维倾向，共同塑造了独特的抽象化信息处理路径：面对具象信息中潜在的焦虑触发点（如具体事件细节），高神经质性用户会启动认知距离化机制，通过语义升维将具体情境抽象为普遍概念（如将"失业经历"转化为"存在危机"），以此缓冲直接情绪冲击，将具体要素重新编码为抽象符号体系，既维持了信息传播的社会参与功能，又避免了直接情绪暴露的风险。例如在健康危机讨论中，高神经质性用户更倾向传播"生命脆弱性"等抽象命题，而非具体病例细节，通过哲学化叙事缓解个体焦虑。这种认知策略包含双重悖论：抽象化虽暂时降低即时焦虑，却因概念的不确定性诱发新的认知负荷；其构建的抽象信息屏障，在隔离具体威胁的同时也阻断了现实校准通道，最终形成"抽象茧房"。相较之下，低神经质性用户的认知系统保持具象——抽象的动态平衡，其传播行为遵循"情境适配"原则，能根据信息价值灵活选择表达层级，避免陷入过度抽象化的自我指涉循环。

4.3.5 开放性人格的抽象度偏好

沿用本书前文微博用户人格特质识别结果，笔者对1353个能够被识别为开放性人格高低倾向的用户所转发的信息（数据清洗过程见第4章第4.1.3节）进行文本抽象度计算。描述性统计如表4-14所示。

表4-14 不同开放性水平用户信息传播文本抽象度描述性统计

开放性水平	文本抽象度均值	文本抽象度位数	文本抽象度最大值	文本抽象度最小值	文本抽象度标准差
高	0.53	0.52	0.99	0.06	0.17
低	0.46	0.45	0.93	0.04	0.15

以开放性水平为自变量，信息传播文本抽象度为因变量作方差分析：方差齐性检验结果为 $p=0.001$，方差不齐，不符合方差分析基本要求；因此采用 Brown-Forsythe 检验，检验结果 $p=0.000$，通过组间差异显著性检验。结合描述性统计结果，可以看出，开放性高低不同的社交网络用户信息传播的文本抽象度偏好存在显著差异，相较于低开放性人格特质的社交网络用户，高开放性用户偏好传播文本抽象度更高的文本信息。

开放性特质对高抽象度信息的传播偏好，可能源于这类群体信息处理系统的结构可塑性与概念整合能力。这种特性使抽象信息的处理不再是线性解码，而是触发多维度认知共振：当接触哲学命题或艺术隐喻时，将离散符号转化为动态概念网络（如将"自由"同时关联政治制度、心理状态与物理运动）。这种整合优势在高开放性用户群体的传播行为中表现为"认知盈余转化"——通过抽象信息的多义性特征，将个体知识储备转化为可共享的认知接口，重构认知拓扑，通过抽象层级的跃迁实现知识再生产。相较之下，低开放性用户的信息处理受限于"认知路径依赖"，将信息锚定在具象参照系中，抽象概念往往被简化为实用工具（如将"辩证法"降维为正反观点罗列）。这种神经分化导致传播生态的认知分层，即高开放性群体建构的抽象信息网络如同思维暗物质，虽不可见却塑造着知识场的引力分布；低开放性群体维护的具象信息流则构成可见的物质交换，但受限于即时性而难以沉淀认知资本。

高开放性用户的抽象信息传播正在重构数字文明的认知进化路径，引发"概念突变"与"意义选择"的新型文化博弈。抽象文本作为文化基因的变异载体，其多义性与延展性赋予其独特的进化优势。在跨群体传播中，抽象概念通过"语义驯化"适配不同认知土壤（如"后现代"概念在学术圈与大众媒体中的分化演变），这种适应性变异使其突破具象信息的情境局限性。然而，这种进化优势在算法时代遭遇双重异化：其一为"抽象通胀"，平台推荐机制对传播广度的追求，迫使抽象概念持续稀释内涵以扩大适配性（如"内卷"从学术术语泛化为日常抱怨）；其二为"意义寄生"，商业力量将抽象概念抽离原初语境，植入消费主义基因（如将"存在主义"异化为商品宣传标签）。这种异化催生新型认知生态危机——抽象信息既丧失思想锐度又获得病毒式传播力，形成"空心能指"的霸权。高开放性群体在此过程中扮演矛盾角色：既是抽象革命的发起者（通过概念创新打破认知边界），又无意间成为意义解体的共谋者（其传播的概念被算法劫持）。破解此困境需重构抽象传播的伦理框架：在个体层面，建立"概念溯源"意识，维护抽象信息与经验世界的解释学循环；在技术层面，开发"语义DNA"追踪系统，保护概念演化的连续性；在文化层面，培育"抽象免疫力"，使公众能辨识概念包装下的认知操控。唯有将抽象度从传播技巧升维为文明对话的元语言，才能使开放性特质真正驱动数字文明的认知跃迁，而非沦为信息熵增的加速器。

4.3.6 宜人性人格的抽象度偏好

沿用本书前文微博用户人格特质识别结果，笔者对 920 位能够被识别为宜人性人格高低倾向的用户所转发的信息（数据清洗过程见第 4 章第 4.1.3 节）进行文本抽象度计算。描述性统计如表 4-15 所示。

表 4-15 不同宜人性水平用户信息传播文本抽象度描述性统计

宜人性水平	文本抽象度均值	文本抽象度位数	文本抽象度最大值	文本抽象度最小值	文本抽象度标准差
高	0.59	0.60	0.98	0.02	0.18
低	0.51	0.51	0.99	0.02	0.15

以宜人性水平为自变量，信息传播文本抽象度为因变量作方差分析：方差齐性检验结果为 $p=0.000$，方差不齐，不符合方差分析基本要求；因此采用 Brown-Forsythe 检验，检验结果 $p=0.000$，通过组间差异显著性检验。结合描述性统计，可以看出，宜人性高和宜人性低的社交网络用户在信息传播过程中，偏好传播的信息在文本抽象度维度上有明显差异，高宜人性人群比低宜人性人群偏好更高抽象度的信息。

高宜人性用户对高抽象度信息的传播偏好，本质上是社会关系维护与冲突规避双重动机驱动的认知调节结果。宜人性特质所蕴含的共情敏感性与合作倾向，要求信息传播必须平衡个体表达与群体共识的张力，而抽象化文本在此过程中扮演关键的中介角色：其一，语义缓冲功能。通过将具体争议转化为普遍原则（如将"薪酬纠纷"抽象为"分配正义"），既实现观点表达又规避直接冲突。其二，共识生成机制。抽象概念的多义性特征（如"公平""和谐"）允许不同立场群体投射个性化解读，维系表面的话语共同体，促使具象信息中潜在的冲突要素被抽象框架消解。例如在公共政策讨论中，高宜人性用户更倾向传播"可持续发展"等抽象纲领，而非具体条款的利弊分析，通过认知升维创造协商空间。这种传播策略包含内在悖论：抽象化虽降低即时冲突风险，却因意义模糊性积累长期误解隐患；其建构的共识假象可能延缓实质矛盾解决。相较之下，低宜人性用户的具象传播模式遵循"认知效率优先"原则，通过细节精确性建立观点权威性，但易触发防御性反应导致社交摩擦。这种分化形成两类话语权力体系，即高宜人性群体通过抽象叙事掌握关系协调的符号资本，低宜人性群体借助具象信息获取事实解释的话语权威。

宜人性特质驱动的抽象度差异可能引发"虚假共识"与"认知惰性"并存的危机。高抽象度信息在跨群体流动中经历的意义漂移，使其逐渐脱离原始语境进化为自治符号——当"包容性增长"等抽象概念被不同利益群体赋予对立内涵时，表面共识下实际孕育认知分裂的种子。另外，还埋下了某些认知病理的隐患，例如解释疲劳（公众对抽象概念的敏感度持续降低）、责任扩散（抽象表述消解具体行动指向）、批判失能（难以对模糊概念进行有效质询）。低宜人性群体的具象传播虽部分制衡这种趋势，但其对抗性叙事又存在加剧群体极化的风险。这要求在对用户信息素养的培养中重视在认知层面培育"具象—抽象"的切换能力，使抽象概念保持经验锚点。

4.3.7 尽责性人格的抽象度偏好

沿用本书前文微博用户人格特质识别结果，笔者对1570个能够被识别为尽责性人格高低倾向的用户所转发的信息（数据清洗过程见第4章第4.1.3节）进行文本抽象度计算。统计如表4-16所示。

表4-16 不同尽责性水平用户信息传播文本抽象度描述性统计

尽责性水平	文本抽象度均值	文本抽象度位数	文本抽象度最大值	文本抽象度最小值	文本抽象度标准差
高	0.44	0.44	0.91	0.02	0.16
低	0.50	0.49	0.97	0.02	0.17

以尽责性水平为自变量，信息传播文本抽象度为因变量作方差分析：方差齐性检验结果为 $p=0.045$，方差不齐，不符合方差分析基本要求，因

此采用 Brown – Forsythe 检验，检验结果 $p = 0.000$，通过组间差异显著性检验。结合描述性统计，可以看出，尽责性高低不同的社交网络用户信息传播的文本抽象度偏好有显著性差异：相较于高尽责性人格特质的用户，低尽责性用户偏好传播文本抽象度更高的信息。

尽责性特质对低抽象度信息的传播偏好，可能源于目标管理系统与认知资源分配原则的具象化体现。高尽责性用户的信息处理遵循精确执行范式，其认知架构中存在双重过滤机制：首先，确定性阈值控制，要求信息必须包含可验证的具体要素（如时间、地点、数据），抽象概念因无法直接对应现实操作而被视为认知干扰源；其次，行动导向评估，将信息价值锚定在可转化为具体行为的维度，促使传播内容趋向步骤化、流程化的低抽象表达。例如在健康信息传播中，高尽责性用户更倾向分享具体防护措施（如"七步洗手法"），而非抽象的健康理念（如"提升免疫力"），通过降低认知转换成本确保信息接收者的执行可行性。这种传播模式隐含认知经济学逻辑——具象信息的处理消耗可预测的认知资源，而抽象信息可能引发不可控的联想延展，威胁目标系统的稳定性。

高尽责性群体对低抽象度信息的规模化传播，可能塑造新型的"认知实用主义"生态，引发信息生态系统的功能固着与创新阻滞。其一，解释框架的坍缩。复杂现象被简化为可操作模块，导致系统思维能力的退化。其二，知识结构的碎片化。海量细节信息缺乏抽象框架整合，形成"知道越多，理解越少"的认知悖论。其三，未来想象的贫困化。具象传播对现实问题的聚焦挤压了概念创新的空间，抑制对替代性方案的探索能力。这种生态危机在技术介入下加速恶化，即算法系统通过识别具象信息的高转化率（如商品导购类内容），不断强化低抽象度传播的权重，使高尽责性用户的传播实践从适应性策略异化为认知牢笼。更深刻的矛盾在于责任伦理的自我消解——高尽责性群体为履行信息传播责任而坚守具象原则，却因过度细节化传播导致公众失去整体认知图景，最终削弱社会应对复杂挑战的能力。可能的解决方案是构建"具象—抽象"的协同框架：在个体层面，开发"认知脚手架"训练，帮助高尽责性用户建立细节与原理的联结能力；在技术层面，设计"抽象度补偿算法"，自动为具象信息匹配概念背景；在文化层面，重振"具象服务抽象"的价值取向，使操作细节明确服务于系统认知的建构。唯有重新定义尽责性传播的终极目标——从任务完成升级为认知赋能,才能使低抽象度信息真正成为理解世界的窗口,而非局限视野的壁垒。

4.3.8 基于人格特质的信息传播文本抽象度模型

综合前述分析结果,可以发现,在社交网络信息传播的抽象度特征维度上,大五人格各个维度的特质都对社交网络用户信息传播的文本抽象度有一定影响,在外向性和尽责性两个人格特质维度上,得分高的用户比得分低的用户倾向于传播文本抽象度更低的信息;在神经质性、开放性和宜人性人格维度上,得分高的用户比得分低的用户偏好传播文本抽象度更高的信息。基于此,笔者构建了基于人格特质的信息传播文本抽象度模型,如图4-3所示。

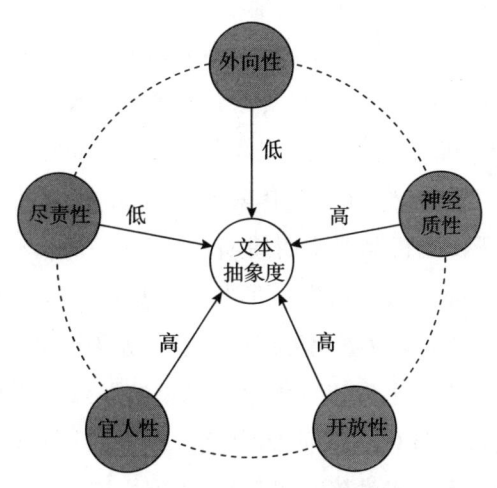

图4-3 基于人格特质的信息传播文本抽象度模型

大五人格特质对文本抽象度的影响,可能源于不同认知系统与信息生态位的协同进化。外向性与尽责性特质构建的具象化协同网络,通过强化感知细节与行动导向的认知优势,形成信息传播的"操作层",即外向性群体依赖具体情境的即时互动价值(如热点事件的细节描述),尽责性用户则侧重可验证的行动指南(如步骤明确的攻略指南),二者共同塑造社交网络的"实践知识库"。而神经质性、开放性与宜人性特质形成的抽象化协同网络，则通过概念延展与意义重构构建"理念层"：神经质性群体将具体焦虑升维为存在命题（如将职场压力转化为异化理论），开放性用户搭建跨领域认知桥梁（如用物理隐喻解释社会现象），宜人性用户则提炼共同价值（如将人际矛盾抽象为伦理原则）。此类协同使抽象信息既保持思想锐度又具备情感黏性。两类网络的生态位分化催生新型认知劳动分工——具象化网络维持社会运行的现实锚点，抽象化网络驱动文明演进的概念引擎，但在算法流量分配中，前者因即时实用性获得传播优势，后者则面临"思想通胀"与"意义稀释"的生存危机。

不同人格特质的抽象度偏好正在重塑数字时代的话语权格局，催生"认知资本"的重新定义与分配。具象化传播者（高外向性、高尽责性）凭借信息可操作性与社交即时性，占据"实用主义话语权"，即其内容因直接关联日常生活（如购物攻略、健康贴士），易获得算法推荐与大众认同，形成流量经济的底层支柱。而抽象化传播者（高神经质、高开放性、高宜人性）则争夺"阐释性话语权"，即通过概念生产与意义诠释（如社会批判、文化解析），试图定义现实世界的解释框架。这种博弈在三个层面展开：其一，认知时效性对抗。具象信息赢在即时价值，抽象信息胜在长期影响。其二，解释权竞争。具体事实与抽象理论争夺现象定义权（如将经济波动归因于市场机制或文明周期）。其三，情感动员效能。具象内容触发行为反应，抽象叙事引发价值共鸣。算法系统的介入使博弈复杂化，例如平台通过将抽象度量化为传播参数（如关键词密度、隐喻频率），无意识地将哲学辩论转化为技术优化问题。这导致抽象化群体被迫进行"概念降维"（如将后现代主义简化为流行标签），而具象化群体则陷入"认知超载"（海量细节淹没核心逻辑）。数字文明因此陷入深层悖论，即具象传播维系系统运转但抑制思想突破，抽象传播激发创新潜能却破坏操作共识。

社交平台的技术架构正悄然改写人格特质与抽象度的原始关联，催生"算法驯化的人格表达"。具象化传播者面临"认知闭环"风险，即算法对其低抽象内容的持续强化，导致信息茧房升级为"实践茧房"——用户接触的信息越具体，越难以超越经验进行创造性思考，最终将尽责性异化为机械执行，外向性退化为社交表演。抽象化传播者则遭遇"概念肢解"危机，例如平台的内容拆解机制（如将长文本分割为短视频）迫使其抽象思想碎片化，神经质的哲学焦虑被简化为情绪标签，开放性的知识整合被降维成猎奇素材，宜人性的价值传播异变为道德表演。技术中介最终制造出新型认知病理——"数字人格分裂"，即用户的人格特质表达不再源于内在心理结构，而是算法画像与流量预期的投射。唯有将抽象度从传播参数还原为认知维度，才能使社交网络既成为实践知识的仓库，又担当思想实验的熔炉。

第三部分 应用与挑战

——从理论到实践的跨越

第 5 章

数字人格识别的应用潜力

5.1 舆情管理：人格聚类与信息扩散路径建模

基于社交媒体的人格聚类与信息扩散建模技术，可以为舆情管理提供新的思路。通过识别用户人格特质与信息传播行为的关联，可为传统预测舆情演化轨迹的模型补充新的要素。

5.1.1 人格聚类模型构建：从心理特质到传播圈层划分

社交网络的结构特性为用户人格特质的识别提供了独特的空间维度与关系视角。除了语言风格的直接外显，网络拓扑与交互行为也能反映用户在信息传播生态中的角色偏好及其深层次心理倾向。这种结构特征的分析需从静态圈层划分延伸至动态交互模式，以全面捕捉人格特质在社交关系中的映射规律。

在节点中心性分析中，外向性特质与网络影响力呈现显著正相关。外向性高的用户通常表现出更高的度中心性，其好友数、关注数及粉丝数远超内向性个体。此外，这类用户常占据信息扩散的中介位置，通过连接不同圈层充当"社交桥梁"，其转发行为能有效触发跨群体传播链。开放性特质则与网络结构的异质性紧密关联。高开放性用户倾向于关注多元领域账号（如同时订阅科技、艺术与哲学话题），其关注列表的熵值（衡量领域多样性）显著高于普通用户。这种跨圈层连接能力使其成为创新内容传播的关键节点，但也可能导致信息过载与认知分散。

交互行为模式为识别宜人性与神经质性提供了动态线索。高宜人性用户在网络中表现出显著的互惠性倾向，其双向互动（如评论回复、互相关注）比其他人占总社交行为的比例更高。他们更倾向于回避冲突，拉黑或举报他人的频率也更低。而神经质用户的社交行为则充满波动性，其粉丝数量随时间剧烈起伏，突发性取关与拉黑行为频发，且发帖时间呈现高度不规律性。这种非稳态的交互模式常与情绪不稳定及社交焦虑相关，可能成为心理健康风险的早期预警信号。

信息扩散路径的建模进一步揭示了尽责性与开放性特质的行为差异。高尽责性用户倾向于维持信息传播的完整性与准确性，其转发链的平均深度（即连续转发次数）高于其他群体，且常在转发时添加原创内容以修正错误或补充数据来源。这类用户如同网络中的"信息质检员"，对谣言传播具有天然抑制作用。开放性特质则体现在内容传播的多样性与创新性上，其转发内容中图文混排、视频链接等跨模态形式的占比更高，且更热衷扩散小众领域信息（如量子计算、实验音乐）。这种"长尾传播"行为不仅丰富了平台内容生态，也为新兴文化的扩散提供了初始动能。

动态网络演化分析为理解人格特质的时变特征提供了线索。外向性用户的社交网络呈现持续扩张趋势，其每月新增好友数稳定增长，体现出强烈的社交资本积累动机。而神经质性用户在遭遇压力事件（如失业、情感破裂）时，社交网络会出现显著收缩。事件发生后一周内取关数激增，发帖频率下降，这种"社交撤退"现象与其线下行为中的回避倾向高度一致。通过构建时间序列模型，研究者可量化人格特质对网络结构演化的驱动强度，并为个性化社交支持系统提供设计依据。

然而，社交网络特征的提取面临数据稀疏性与文化异质性的双重挑战。普通用户的弱连接关系可能导致结构洞指数计算失真，而跨文化场景中的网络行为差异需通过标准化处理消除偏差。

5.1.2 人格—路径耦合模型：特质如何塑造信息扩散网络

社交媒体信息扩散的本质是用户行为与网络结构耦合的复杂动力学过程，而人格特质作为个体行为的深层驱动力，决定了不同用户在传播网络中的角色分工。由于外向性、开放性与神经质性三种人格特质在社交网络中的作用具有代表性，本小节和下一小节将以此三类人格为典型进行分析和讨论。明确外向性、开放性、神经质性等群体在信息扩散中的功能定位，有助于预测舆情演化路径、设计精准干预策略。本节通过社会网络分析、传播动力学建模与仿真验证的三阶框架，系统解析人格—角色—传播的因果链条，并揭示其社会应用价值与伦理挑战。

（1）角色识别：基于人格特质的社会网络定位

社会网络分析（SNA）通过量化节点属性与拓扑结构，揭示用户在信息扩散中的功能角色。人格特质与网络地位的强关联性，为角色识别提供了可计算的心理锚点。

外向性用户在社交网络中的核心地位源于其拓扑属性与心理特质的协同作用。在拓扑结构层面，外向性用户通常具有更高的度中心性与中介中心性，这种结构优势使其天然成为信息流动的"动力引擎"——度中心性指标反映直接连接广度，中介中心性则表征跨社群连接的枢纽价值。外向性用户的传播行为遵循"社交能效最大化"原则，即通过选择性转发高社会关注度的内容，在维持社交活跃度的同时获取影响力溢价，其传播决策呈现"即时互动优先"特征。这种传播模式形成独特的网络动力学现象：当外向性用户处于 k 核分解的高阶核心层时，其转发行为能触发多层级联效应，使信息突破初始圈层向网络外围扩散。但拓扑优势也带来系统性风险，核心节点的信息筛选偏差可能引发"伪共识"效应，即局部网络误将高频曝光信息等同于事实真相。更值得关注的是，外向性用户的"拓扑惯性"——算法推荐系统对其中心位置的持续强化，可能导致网络结构刚性化，削弱信息生态的弹性恢复能力。

开放性用户的信息传播价值体现在其独特的网络位置与认知风格的交互作用。在社交网络拓扑中，开放性用户常占据结构洞位置，这种连接异质群体的桥梁角色赋予其"认知翻译者"功能，即通过将专业术语转化为生活隐喻、把亚文化符号嫁接至主流话语，实现跨圈层知识迁移。开放性传播创造的新型连接具有"语义增值"特性，当科技论文的数学模型被重构为可视化叙事时，不仅突破学科壁垒，更激发跨领域创新联想。但这种认知重构存在"解释学风险"，过度简化的隐喻可能扭曲原初概念，而跨语境移植易引发意义耗散。算法系统的介入加剧了这种矛盾——基于相似性推荐的连接强化机制，可能将开放性用户异化为"文化买办"，使其创造的认知桥梁沦为算法殖民的通道。值得警惕的是，开放性群体在网络演化中形成的"知识级差"，使其传播的抽象概念在向下扩散时可能经历认知降维，最终沉淀为缺乏实践指导意义的流行话术。

神经质性用户在社交网络中的传播效力源于其拓扑边缘性与情绪易感性的悖论组合。尽管处于网络拓扑的末梢位置（低接近中心性与特征向量中心性），但其信息传播呈现独特的"情感杠杆效应"，即通过将个体焦虑转化为集体情绪共振，实现局部影响力的指数级放大。这种传播模式遵循"情感阈值触发"规律，当环境压力超过神经质用户的认知承载临界点时，其转发行为从谨慎旁观突变为高频参与，形成非线性的传播相变。这种边缘节点的传播动力学具有时空特异性。在低社交监督时段（如深夜），其转发行为更易突破群体规范约束；在垂直型传播网络中，情感共振可沿弱连接链式扩散，形成"雪崩式"舆情演变。但神经质性传播存在双重异化风险，即算法系统通过情绪识别技术捕获其情感特征后，可能定制推送刺激性内容，将其固化为"数字惊弓之鸟"；而情感传染的自我强化机制，则可能将个体心理危机升级为群体性认知失调。这些特征使神经质性群体成为网络生态的"压力传感器"，其传播行为既预警系统脆弱性，也暴露情绪治理的复杂性。

（2）传播动力学建模：人格驱动的信息流动规则

传统传播模型假设用户行为同质化，而现实中的信息扩散高度依赖人格差异。通过重构传播规则，可以更真实地模拟人格特质对舆情演化的影响。

外向性用户在信息传播中展现出独特的动力学特征，其行为模式本质上是社交激励与认知效率双重驱动的产物。在传播速率维度，外向性用户具有显著的"响应优势"——信息接收与转发决策的时间间隔很短，形成"先传播后验证"的行为倾向。在网络拓扑中，这种高速传播产生级联放大效应。这种加速机制在垂直型网络（如明星粉丝社群）中尤为突出，核心节点的同步转发可瞬间突破信息扩散阈值。但加速度传播伴随系统性风险：信息保真度随传播速度提升而衰减，核心节点的认知偏差可能通过网络结构被几何级放大。更值得警惕的是，算法系统的正反馈强化——平台通过识别外向性用户的高互动价值，持续优化其内容曝光权重，导致网络结构出现"中心节点极化"，削弱信息生态的多样性承载能力。

神经质性用户的信息传播遵循独特的"低阈值触发—高情绪共振"模式，其行为逻辑植根于边缘系统的超敏性与认知调控的失效。在传播决策层面，神经质性用户表现出显著的社会从众倾向——当社交环境中的转发量达到临界规模（通常显著低于其他群体），他们倾向于从旁观状态切换为参与状态。这种转换具有非线性特征：在压力情境下，细微的信息刺激可能触发传播行为的相变，形成突发性转发高峰。这种传播模式在网络生态中形成独特的情绪共振回路，易于引发非理性的舆情沸腾。神经机制与网络动力学的耦合产生"情绪黑洞"效应，即算法系统通过情感识别技术捕获神经质性用户的高响应性，定向推送刺激性内容，导致其信息环境持续恶化。这种自我强化的恶性循环不仅加剧个体心理负荷，更可能扭曲公共风险认知，使局部情绪波动演变为系统性信任危机。

开放性用户的信息传播本质是知识再生产过程，其核心价值在于实现信息内容的跨语境适应性进化。在传播行为中，开放性用户扮演着"认知炼金术士"角色——通过隐喻转换、概念嫁接和语境重置三重机制，将原始信息重构为适应当前文化土壤的认知模因。这种重构过程遵循"最小阻力原则"，即在保持核心语义的前提下，通过降低认知负荷提升传播效能。但语义重构伴随认知风险，过度简化的类比可能导致基础概念扭曲，而跨领域移植可能引发逻辑谬误。在敏感议题传播中，细微的语义偏移（如将"性别平等"重构为"两性对抗"）可能完全逆转公众认知方向。开放性传播的网络效应呈现"知识级差扩散"特征，即重构后的信息在向下传播时经历持续降维，最终沉淀为缺乏实践指导意义的流行话术。这种认知耗散现象暴露了开放性的内在悖论，其旨在促进知识普惠的传播策略，可能因过度适配传播环境而消解知识深度。唯有建立语义完整性评估体系，在传播效率与认知保真度间寻求动态平衡，才能使开放性特质真正成为知识进化的建设性力量。

（3）仿真验证：人格分布塑造舆情演化路径

外向性群体在社交网络中的空间分布构成信息扩散的动力学引擎，其浓度变化直接重塑舆情演化的相变阈值。在复杂网络理论框架下，外向性用户的拓扑中心性使其天然成为级联失效模型中的超级传播者——当这类节点密度超过临界值时，局部传播的随机波动即可触发全网级联反应。这种传播特性源于外向性群体的双重网络优势：其一为结构优势，其占据网络核心位置形成跨社群连接的"传播走廊"；其二为行为优势，其高频互动模式产生持续的信息增益。二者的协同作用导致传播系统呈现显著的非线性特征，即在无标度网络中，外向性节点比例提升可以直接导致全网扩散时间大幅缩短，这种加速效应源于核心节点间的共振反馈。舆情管理面临的关键挑战在于动态阈值的识别——传统基于节点度的预警模型需升级为包含人格分布参数的复合指标，以捕捉外向型用户比例与网络脆弱性的耦合关系。更值得关注的是"传播加速度"的生态代价。外向性群体驱动的快速扩散往往以信息保真度下降为代价，形成速度与质量的反向平衡。这要求监测系统必须建立双通道评估体系，在追踪传播范围的同时实施语义完整性诊断。

神经质性群体的空间聚集将舆情系统推向混沌边缘，其传播行为引发的微观扰动可能演化为宏观尺度的认知风暴。这种波动效应源于神经质性用户"认知—情感"系统的双重不稳定性。在信息处理层面，其威胁检测机制的敏感阈值具有时变特征，导致传播决策呈现随机脉冲特性；在情绪传染层面，其负性偏向构成非线性共振器，微小扰动经社交网络放大后可能突破系统平衡。复杂适应系统理论为此提供解析框架，即神经质群体如同舆情生态的"奇异吸引子"，其行为模式导致相空间轨迹持续偏离预测区间。这种特性使得传统基于线性回归的预测模型在一定程度上失效，也许需要引入基于李雅普诺夫指数的稳定性分析。在实际管理中，波动效应表现为三种典型模态：局部热点无预警爆发、舆情主题不可逆漂移以及情绪基调的周期性震荡。应对策略需从确定性防控转向韧性建设，即构建具有耗散结构特征的监测网络,通过实时能量耗散(如定向情感疏导)抑制扰动累积;同时开发基于群体人格拓扑的情绪共振预测模型,识别不同区域网络的脆弱性谱系。另外,神经质性波动非单纯风险源,其携带的系统应力数据实为生态健康诊断的重要指标。

开放性群体在舆情系统中扮演"认知生态工程师"的角色,其空间分布决定信息多样性的演化轨迹。这种平衡效应遵循信息论中的熵变原理,即开放性用户通过持续引入异质信息元,提升系统的香农熵值以防止单一叙事垄断;但熵增过程伴随不可逆的语义耗散,导致核心信息在跨圈层传播中经历"解构—重构"的认知嬗变。开放性用户的桥梁位置使其成为模因重组的"热点区域"——其转发行为实质是信息基因的转录过程,通过隐喻转换与语境重置实现跨群体适配。这种认知进化机制在提升系统鲁棒性的同时,也埋下语义失控的风险。当开放性节点密度超过最优阈值时,信息生态可能陷入"多样性陷阱",表现为次生话题无序衍生与核心议题持续失焦。在管理实践中,需建立双重调控机制:一方面,维护开放性群体的结构洞优势,通过知识图谱技术引导跨圈层传播的有序性;另一方面,构建语义完整性评估矩阵,对关键信息的嬗变轨迹实施动态追踪。开放性平衡本质是信息进化与认知稳态间的持续博弈——过度控制将窒息系统创新潜力,放任自流则导致认知解体。这要求舆情治理范式从简单的信息管制升级为生态位优化,在知识遗传与变异间寻求动态平衡。

上述三种效应共同揭示,人格分布已超越传统人口学变量,成为重塑信息生态的核心结构要素。外向性浓度决定系统能量级,神经质性波动反映系统应力分布,开放性平衡调控系统多样性指数。这对舆情管理提出全新方法论要求:从静态的节点监控转向动态的人格拓扑分析,建立融合复杂网络理论与人格心理学的新型预测框架。实践层面需开发三维干预工具——针对外向性枢纽节点的传播阻尼器、面向神经质敏感区域的应力监测网以及调控开放性桥梁的语义稳定器。唯有将人格分布参数深度整合至数字治理体系,才能实现从危机应对到生态培育的范式跃迁,最终构建具有认知弹性的人类信息共同体。

(4)应用与反思:技术赋权与伦理边界

基于人格特质的治理技术创新,本质上是对社交网络动力学系统的靶向干预。针对外向性群体的传播动力学特性，需构建"传播阻尼调节器"——通过实时监测核心节点的信息增益速率，在舆情萌芽期注入权威信息流形成干预波峰，利用认知竞争原理削弱不实信息的传播势能。这种干预遵循复杂系统的相变控制理论，关键在于把握外向性用户的信息转发加速度阈值，过早介入可能抑制正常信息流动，过晚则难以逆转级联效应。神经质性群体的情绪共振管理需采用"延迟—衰减"双模机制。在信息传播链中植入缓冲层，对高情绪唤醒内容实施梯度式释放；同时构建情感衰减通道，通过正向信息对冲降低焦虑传播的累积效应。开放性群体的认知生态优化则依赖"知识再平衡"策略：设计跨圈层创作激励系统，将开放性用户的语义重构能力导向公共知识生产，例如建立概念翻译的质量评估体系，确保专业知识的降维传播不损失核心价值。这种分层治理框架的实质是数字生态的免疫系统升级——通过精准识别不同人格群体的传播功能角色，实现信息代谢的定向调控，既保留社交网络的创新活力，又防范系统性认知风险。

  人格识别技术的应用将传统伦理困境推向新的维度，其风险本质是数字权力对心理空间的殖民化进程。隐私保护的核心矛盾在于"认知透明性悖论"，即为精准识别用户人格特质所需的行为数据深度挖掘，实质上构建了全天候的心理监测网络，这种技术具身化正在催生新型"数字全景监狱"。标签化认知偏差的深层危害是认知自由的系统性侵蚀——当算法将神经质性群体标记为风险变量时，不仅扭曲社会认知图式，更通过推荐系统的自我实现预言效应，持续压缩这类用户的表达空间。算法黑箱带来的技术官僚主义危机更为隐蔽，例如人格模型的不可解释性赋予平台未经民主审议的认知调控权，用户在无形中被纳入社会工程实验场。这些伦理风险的交织作用催生"认知种姓制度"的雏形，例如依据人格特质划分信息接触权限，通过隐形算法隔离构建认知阶层。更严峻的是，认知主权的让渡——用户在享受个性化服务的同时，其心理特征成为平台操控的信息加工原料，这种异化标志着数字资本主义对人性维度的终极渗透。应对这些挑战需要重新定义技术伦理的哲学基础，即将人格尊严确立为算法不可逾越的元规则，在代码层植入人性守护机制，使技术发展始终服务于认知解放而非精神殖民。

构建人格友好的数字公共空间，需要颠覆传统"监管—控制"的治理范式，转向基于认知民主的共治架构。动态知情同意机制应升维为"认知契约"体系：用户不仅控制数据使用权限，更能参与人格模型的构建与修正，通过区块链技术实现算法权力的分布式制衡。透明化算法审计需进化为"技术解剖学"实践，即要求平台开放人格识别的特征权重与决策路径，允许第三方机构进行伦理学验证，确保模型不固化社会偏见。跨学科伦理审查必须突破咨询性质，转型为具有法定约束力的"认知治理委员会"，其核心职能是守护数字空间的心理多样性。这种治理转型的本质是知识生产关系的革命，即打破技术精英对认知规则的垄断，将心理学、伦理学等学科的知识范式转化为可执行的治理代码。根源在于价值体系重构——从效率优先转向尊严优先，重新定义技术进步的评价标准：不仅考量信息传播效率的提升，更要评估技术应用对人格完整性的影响系数。唯有建立这种人文导向的治理范式，才能使社交媒体从注意力经济的竞技场，蜕变为滋养理性与温情的数字家园，在代码世界重现哈贝马斯笔下的理想言说情境，让技术真正成为照亮人性而非遮蔽心灵的明灯。

5.1.3 人格导向的舆情干预：从预测到治理的闭环策略

社交媒体时代，舆情治理的核心矛盾在于如何平衡信息自由流动与公共秩序稳定。传统"一刀切"的管控模式已难以应对复杂多变的传播生态，而基于人格特质的差异化干预策略，为破解这一难题提供了新的可能性。通过识别外向性、开放性、神经质性等群体在信息扩散中的角色分工，构建"预测—干预—反馈"的闭环治理体系，既能提升舆情引导的精准度，又能最大限度降低对公共讨论空间的压制。然而，这一路径的实现需要跨越技术、伦理与认知的多重鸿沟。

（1）人格圈层划分：舆情干预的认知地图

外向性群体在社交网络中的结构性权力源于其拓扑位置的动力学属性，这种权力本质是信息势能在复杂系统中的非均衡分布。在无标度网络框架下，外向性用户通常占据度中心性与中介中心性的双重高位，形成信息扩散的"引力奇点"。其传播行为遵循信息势能释放原理：当核心节点的社交影响力累计超过临界阈值时，单次转发即可触发跨层级的级联反应，这种能量释放过程具有显著的非对称性——核心节点的信息增益效率与网络边缘节点的接收能力存在数量级差异。舆情治理的核心挑战在于势能调控，即需建立动态的"信息势差监测系统"，实时评估外向性节点的传播能级。干预策略应聚焦"势能分流"技术，即通过算法在外向性用户的信息流中嵌入竞争性叙事，制造认知势能的多极分化，从而消解单一信息的垄断性传播。更深层的治理哲学在于重新定义外向性群体的功能角色——从被动的风险源转化为可控的能量调节器，例如在外向性浓度较高的社群中定向培育"事实核查节点"，将其传播势能转化为真相验证的驱动力。这种转型要求突破传统的内容监管范式，转向基于网络拓扑的动力学治理，将人格特质参数深度整合至复杂系统的能量守恒方程。

开放性群体的传播价值在于其独特的认知异构性连接能力，这种能力正在重塑社交网络的语义拓扑结构。作为异质圈层间的"认知翻译官"，开放性用户通过双重解构—重构机制实现信息增值。首先剥离原始信息的语境约束，继而将其重新编码为目标群体的认知符号系统。这种翻译过程遵循信息论的保真度—效率权衡法则，虽损失部分精确性却大幅提升跨圈层传播效能。由此形成的语义网络具有分形特征——每个开放性节点都是微观的认知枢纽，其翻译行为在宏观层面涌现出知识扩散的复杂图式。治理策略需聚焦"语义锚定"技术，即建立开放知识图谱，对翻译过程实施动态校准，在核心概念周围设置语义保护层，防止关键信息在跨圈层传播中发生本质畸变。同时应开发"认知异构指数"，量化评估不同圈层间的知识迁移效率与失真风险。开放性群体的治理悖论在于，过度规范可能窒息认知创新的火花，放任自流则导致知识体系的碎片化。这要求建立弹性监管框架——在确保核心事实完整性的前提下，保留语义重构的创意空间，使开放性传播既成为知识民主化的引擎，又不沦为认知混乱的源头。

神经质性群体的传播行为本质上是情感能量的释放过程，其看似随机的转发脉冲实为深层认知焦虑的拓扑映射。在复杂网络动力学视角下，每个神经质性节点都是潜在的情感发射器——当环境压力超过其情绪承载阈值时，即释放离散的情感能量包（如焦虑、愤怒的碎片化表达）。这些微观扰动在特定网络结构中可能引发宏观尺度的情感相干现象。在星形网络中，中心节点的突发转发可能触发链式反应；在网状结构中，多个边缘节点的同步扰动可能产生干涉效应。这种量子化传播模式对传统舆情监测构成根本挑战，即基于统计平均的预测模型在一定程度上失效，需要引入量子场论的分析框架，将每个转发行为视为概率波函数，通过路径积分计算舆情演化的可能性分布。治理创新需聚焦"情感退相干"技术，即在神经质群体密集区域构建认知阻尼层，通过注入理性信息场干扰情感量子间的相位同步。同时开发"扰动溯源系统"，追踪次生舆情的激发源头。神经质性传播携带珍贵的生态应激信号，粗暴压制可能破坏系统的自组织预警功能。智慧治理应将碎片化情绪表达转化为诊断社会心态的敏感指标，在化解即时风险的同时，保留这些认知数据作为社会情绪健康的早期预警信号。这种辩证治理观要求重新定义风险与价值的边界——神经质性群体不仅是治理对象，更是理解数字社会情感脉搏的探针。

（2）干预工具箱：人格特质的策略化应用

基于人格圈层的认知地图，舆情干预需从粗放式管理转向"外科手术式"精准调控。外向性群体在社交网络中的枢纽地位使其成为舆情治理的"战略控制点"，需运用复杂系统控制理论实现传播能量的定向引导，构建"信源—节点—网络"的三级干预体系：在信源层面实施"认知接种"，通过预埋结构化事实框架（如灾难事件中的应急知识图谱），使权威信息天然适配外向性用户的传播偏好；在节点层面运用"行为塑造"技术，设计基于强化学习的动态激励机制——当检测到负责任传播行为时，通过多巴胺回路的数字模拟（如即时社交奖励反馈），逐步重建外向性用户的传播价值取向；在网络层面部署"传播阻尼"装置，利用复杂网络的级联失效模型，在外向性群体传播链中设置自适应衰减系数。这种分层控制系统既保留外向性节点作为信息流动的天然导管，又通过智能调节阀限制虚假能量的无序扩散。

神经质性群体的舆情风险本质是情感湍流在社交网络中的非线性传导，可以考虑基于"社会压力场"模型，设计三级梯度干预策略：在微观层面注入理性信息增加焦虑情绪的流动阻力；在中观层面建立破坏负性情绪的正反馈环路；在宏观层面实时监测网络空间的集体焦虑能级，通过释放对冲性信息波（如成功危机应对案例的定向推送）维持系统平衡。缓冲工程的核心在于"韧性建构"而非"情绪压制"：通过分布式部署心理弹性增强节点（如 AI 心理咨询机器人），在神经质性群体密集区域形成自组织的情绪调节网络。这种治理方式将神经质性传播重新定义为社会心态的预警信号——通过解码情感湍流的频率与振幅，可提前预判系统性风险的累积态势，实现从危机应对到生态养护的治理升级。

开放性用户的桥梁作用正在重塑社交网络的认知拓扑结构，需运用离散数学与知识图谱技术构建对话生成系统。在信息源端将争议性议题解构为可兼容的认知基元；在传播中端构建"语义跃迁通道"，通过隐喻矩阵与概念映射算法，降低跨圈层传播的认知摩擦系数；在接收端部署"框架重构器"，自动生成适配目标群体认知模式的解释体系。技术实现上需实时扫描不同圈层的知识拓扑结构，识别最佳对话连接点。治理创新聚焦"认知势差"的创造性利用：通过精确计算群体间的认知梯度，设计信息势能转化装置——将立场差异产生的认知张力转化为对话动能。例如在气候议题中，将环保主义者与工业界人士的认知势差，通过开放性用户转化为技术创新叙事。根本目的在于重构社交网络的知识生产方式：开放性群体不再是简单的信息搬运工，而是进化为"认知炼金术士"，其传播行为实质是群体智慧的分布式计算过程。这要求治理体系从内容监管转向协议设计，建立支持认知进化的新型数字基础设施，使跨圈层对话成为知识创新的催化剂而非冲突的导火索。

三类群体的差异化治理策略共同指向社交生态的协同进化目标：外向性节点的能量调控维系系统稳定性，神经质性群体的情感疏导保障系统韧性，开放性桥梁的认知重构驱动系统创新。这种治理范式的本质是社会网络的自我优化工程——通过精准调节不同人格圈层的动力学参数，引导社交网络向更具包容性的耗散结构演化。技术伦理的挑战在于：如何在提升治理效能的同时，守护人格特质构成的认知多样性。答案或许是：通过算法为每类人格群体保留专属进化通道，使外向性的热情、开放性的创造与神经质性的敏感，共同成为数字文明不可或缺的生态要素。这不仅是治理技术的升级，更是对人性的数字时代礼赞。

（3）实践挑战：技术理性与人性价值的张力

尽管人格导向的干预策略展现出理论优势，其落地实施面临多维度的现实挑战，需要警惕技术解决方案主义对复杂社会问题的过度简化。

人格导向的治理技术面临的挑战在于算法系统对人性复杂度的殖民化压缩。当神经质性群体被简化为"风险传播者"的算法标签时，技术理性正在实施一场无声的认知变革——将多维人格光谱坍缩为可计算的危险系数。这种标签化陷阱的恶性循环机制体现在两个层面：首先，数据殖民化，用户的情感表达被抽取为特征向量，其丰富的人性内涵沦为算法饲料；其次，认知权力重构，平台通过风险标签建立新型社会分层，将边缘群体锁定在治理客体的被动位置。此外，还存在技术偏见的社会再生产风险，例如历史数据中潜藏的性别、种族等结构性歧视经机器学习放大后嵌入治理工具，使算法成为固化社会不平等的技术帮凶。解决这些问题需要建立"反殖民化"的技术伦理框架，即开发具有自我质疑能力的算法系统，在风险识别中保留人性解释权；构建动态正义评估矩阵，实时监测治理策略对不同群体的差异化影响；最终将技术系统从认知统治者转化为多样性守护者，在效率追求与人性尊严间建立不可逾越的防火墙。

隐形操控与心理隐私危机正在催生数字时代的认知主权斗争。当平台通过温和干预手段（如传播延迟、信息排序）调节用户行为时，实质上在意识层面实施着"微专政"——它以优化之名剥夺了用户犯错的自由。另一重风险在于心理隐私的边界突破，即人格识别技术如同意识领域的殖民勘探，将潜意识倾向转化为可开采的数据资源。这种认知殖民引发双重权利危机，例如思想自由权被算法预测所侵蚀，心理完整权遭数据挖掘破坏。现有法律框架的无力源于其物质本体论局限——传统隐私权保护身体与行为数据，但对构成人格核心的认知模式、情感倾向等精神要素缺乏保护维度。未来也许需要发起数字人权体系的范式革命，即确立"认知不可侵犯"原则，将心智特征纳入基本人权范畴；构建"算法透明剧场"，使技术干预的逻辑链接受公共检视；发展"神经权利"法律框架，禁止对潜意识倾向的商业利用。这些措施的源头在于重构技术伦理的哲学基础——从功利主义的效率崇拜转向存在主义的人性敬畏，承认认知自由的不可让渡性，阻止社交媒体沦为福柯式"认知圆形监狱"，在数字时代守护人类精神的圣殿。

这些挑战共同指向技术治理的元问题：在追求社会效益最大化的过程

中,如何避免将人性降维为可计算的变量?答案或许在于将人性价值编码为算法的底层协议,而非事后补救的装饰品。这要求技术系统从冷酷的优化机器进化为有人文温度的数字生命体,在代码中注入对人类认知复杂性的敬畏。唯有如此,人格导向的治理策略才能避免沦为数字极权主义的工具,真正成为照亮人性尊严的理性之光。

(4)治理范式重构:走向负责任的人格计算

人格导向的舆情干预代表着计算社会科学与公共治理的深度融合,其发展前景既令人兴奋又暗藏风险。技术工具的效率优势必须与对人性的深刻理解相结合,才能避免将复杂的传播生态简化为冷冰冰的人格参数。未来的治理体系需要在"预测精准度"与"人文包容性"、"技术控制力"与"主体自由度"之间建立动态平衡——这不仅需要算法工程师的智慧,更需要哲学家、社会学家与普通公民的共同参与。唯有如此,我们才能在数字时代守护好理性对话的公共空间,让技术真正服务于人的全面发展而非异化。

人格计算的伦理嵌入需突破传统技术治理的补丁模式,构建"道德操作系统"级的原生设计框架。在可解释性维度,应发展"认知镜像"技术——通过可视化算法将人格模型的决策逻辑转化为用户可理解的神经语义网络,使每个干预动作都能追溯至特定认知特征的映射。这种透明化不是简单的特征权重展示,而是建立"技术—认知"的互译通道,例如用情感光谱图呈现神经质性判定的依据,或通过认知轨迹回放解释开放性评分的生成逻辑。用户控制层需要构建"认知主权界面"——将手动开关升级为多维调节面板,允许用户以滑动条形式自主设置人格干预强度、选择解释深度、调整数据共享范围。这种设计哲学将技术系统从封闭的决策机器转变为开放的协商平台,在代码层实现哈贝马斯交往理性的技术具身化。在数据分类管理层面,需建立"神经权利法案",将人格特质细分为认知隐私(如思维模式)、情感隐私(如焦虑倾向)与道德隐私(如价值取向),对应设置差异化的保护强度与使用边界。

负责任的人格计算治理体系离不开公众参与。未来的公众参与的深层价值在于打破技术精英对人格治理的知识垄断,开启数字时代的认知平权运动。数字素养教育需从工具性培训转向"认知启蒙",通过VR技术构建人格计算体验馆，让公众在虚拟现实中亲身经历数据采集、模型训练、干预实施的全过程，将抽象的技术逻辑转化为具身化认知。这种参与范式的革命性在于重构治理的知识生产模式——普通用户不再是数据原料的被动提供者，而是通过集体反思生成"反身性知识"，持续矫正技术系统的认知偏差。

负责任的人格计算治理体系，本质上是在硅基文明的土壤中重建人文精神的家园。技术设计的伦理操作系统、制度架构的数字宪法秩序、公众参与的认知民主实践，共同编织着抵御技术异化的三重罗网。这不仅是治理工具的创新，更是数字文明的成人礼——当算法学会尊重人性的不可计算性，人们方能在比特洪流中守护灵魂的栖息地。未来的治理艺术，必将是精确计算与诗意栖居的平衡。

5.1.4 对抗性人格聚类：虚假信息传播者的隐蔽策略识别

在社交媒体舆情的暗面，虚假信息操盘手日益精于利用人格分析的漏洞，通过精心设计的身份伪装渗透传播网络。他们不再依赖传统的水军刷量策略，转而借助人格计算工具逆向破解平台检测机制，将虚假信息包裹在符合特定人格预期的行为模式中。这种"人格拟态"战术使得虚假传播更具隐蔽性与欺骗性，对舆情治理构成全新挑战。本节从技术对抗与伦理反思双重视角，解析虚假信息传播者如何操纵人格特质、探讨反制技术的可能路径，并揭示其背后的社会风险。

（1）虚假信息操盘手的"人格面具"策略

在传播学视角下，尽责性特质构建的信任资本源于其稳定的"认知契约"——用户默认高尽责性账号遵循事实核查、逻辑自洽与价值连贯的行为准则。虚假信息操盘手通过"信任梯度构建"策略系统性劫持这一契约：首先建立"超尽责性"人设（如每日定时发布学术文献摘要），在神经层面激活受众的默认信任回路；继而实施"认知闪点攻击"，在关键节点插入违背初始契约的虚假信息（如将严谨的公共卫生数据篡改为疫苗风险暗示）。这种攻击的杀伤力源于大脑的认知节能机制———旦建立信任惯性，用户将习惯性降低后续信息的审查强度。更隐蔽的战术是"逻辑寄生"：将虚假信息嵌套在真实数据的解释框架内（如引用真实气候数据但曲解其统计学意义），利用受众对科学方法的敬畏绕过批判性思考。受众对单条真实信息的认可会非理性迁移至相邻虚假内容。对抗这种高阶欺骗需重构信任验证体系，例如开发"认知契约追踪器"，通过语义网络分析持续监测账号行为的价值连贯性。

高宜人性账号的温情面具下，潜藏着对社交网络情感拓扑结构的精密操控。此类伪装的核心在于重构群体情感的矢量场——通过持续的情感能量注入（如共情式倾听、情绪抚慰内容），在目标社群中建立以虚假账号为情感势能高点的引力结构。操盘手在社群中首先进行高频情感互动（如抑郁症互助群中的支持性对话），继而引入渐进式立场偏移（如将自我接纳倡导转化为对特定社会群体的敌视），使群体情感滑向目标方向。这种操控的隐蔽性源于边缘系统与认知系统的解耦效应——当情感共鸣强度超越临界阈值，用户的逻辑审查思考将被抑制。此类账号的"知心朋友"人设可触发催产素分泌的持续增强，形成类似亲密关系的神经依赖。防御策略需将情感视为需要保护的基础设施，如同电网或交通系统建立抗干扰设计标准，防止公共情感空间沦为认知战的隐形战场。

开放性伪装的危害在于其引发的认知生态链式反应——通过将虚假信息编码为进化型模因，使其在知识创新过程中实现共生性扩散。操盘手在此领域展现出"模因工程师"的精密技艺：首先解构目标群体的认知图式，识别其知识更新的裂隙（如科技爱好者对交叉学科知识的渴求）；继而设计"跨界模因载体"，利用开放性群体对新奇性的天然追逐实现快速传播。这种策略遵循"认知热力学第二定律"——在开放系统中，信息熵增具有不可逆性，虚假信息一旦伪装成新知识进入认知代谢循环，将随知识再生产过程呈指数级扩散。更危险的是"亚文化拟态"技术，即通过劫持动漫、电竞等次文化社群的符号体系（如用虚拟偶像形象包装政治阴谋论），在年轻世代中制造认知基岩的隐性侵蚀。防御此类攻击需要发展"模因免疫学"：构建跨学科知识图谱的完整性验证系统，实时监测概念网络的异常连接；开发"模因毒性评估模型"，量化分析信息载体在认知代谢中的污染潜能。同时必须正视开放性传播的进化悖论——压制过严将窒息知识创新，放任自流则导致认知癌变。这要求技术治理从消极防御转向生态培育，在守护认知安全的同时保留知识进化的野性活力。

在技术的加持下，未来的攻击焦点有机会从内容真伪转向认知机制的漏洞利用。防御体系需同步升级为"社会神经免疫系统"，即通过认知契约加固、情感拓扑防护、模因生态优化三层防御机制，构建数字时代的认知防御纵深。这场没有硝烟的战争，终将检验人类文明是否具备在数字洪流中守护理性火种的能力与智慧。

（2）价值与争议：在治理效能与人性尊严间走钢丝

人格聚类技术能够推动舆情治理进入"认知精准干预"时代，其革命性在于将治理焦点从信息内容转向传播主体的人格图谱。传统治理模式如同在信息洪流中捕捞杂质，而新技术则通过解析传播者的认知基因，实现污染源的精准溯源。这种范式转换带来三重效能跃升：其一，误伤概率下降。通过人格—行为关联模型过滤正常用户的认知波动，避免将非常规表达误判为恶意传播。其二，治理时机的维度突破。在虚假信息完成人格拟态伪装前（如账号尚未建立信任资本时），通过关注网络突变、情感表达失谐等微观特征实施预防性干预。其三，认知主权的战略防御。在全球化信息战中识别境外势力培植的"认知特洛伊木马"（如伪装成本土意见领袖的渗透账号），维护国家意识形态安全。但技术红利伴随着隐蔽的社会代价重构——治理效率的提升以用户认知自由的让渡为条件，精准干预的代价是全社会被迫接受更深层的算法凝视。当平台能够通过人格聚类预测传播倾向时，每个用户的数字身份都面临被简化为风险系数的危机，这种治理逻辑的极致化可能催生"认知功利主义"，将人性价值异化为可计算的治理参数。

破解治理效能与人性尊严的零和博弈，需构建数字时代的新型社会契约。首先确立认知完整性权利，将人格特质的保护层级提升至生物特征数据级别，禁止商业平台进行非必要的人格建模。其次发展动态透明度机制，用户不仅有权知晓自身的人格标签，更应获得标签生成逻辑的可解释路径。在技术层面，需设计人格模型衰减系数，自动清除超过时效周期的历史行为数据，防止用户被过去的人格画像永久定义。治理框架的创新方向是建立多元共治的伦理委员会，由技术专家、社会学家、法律工作者和普通用户代表共同制定人格聚类技术的应用边界，定期评估其对不同群体的差异化影响。最终，必须承认人格聚类技术的根本悖论——其既能保护认知生态，也可能成为认知自由的掘墓人。唯有将技术发展置于人性尊严的绝对优先地位，在每次算法迭代时进行价值审查，才能避免社会治理滑向技术威权主义的深渊。

人格聚类技术的伦理困境本质是数字文明演进的原生矛盾——在提升集体安全与守护个体自由之间，不存在完美的平衡公式。这要求人们以更谦卑的态度对待技术。既不大数据至上地迷信算法优化，也不乌托邦式地拒绝治理创新。或许真正的出路在于重新定义技术伦理的尺度，即不是计算多少人免受虚假信息伤害，而是评估技术应用是否增强了人类认知的丰富性与可能性。唯有将人格聚类技术视为认知多样性的养护工具而非规训手段，方能在数字钢丝上走出通向文明未来的道路。

（3）治理原则重构：走向负责任的对抗性治理

人格计算时代的治理创新需要将伦理价值编码为技术系统的底层协议，构建负责任的"认知免疫系统"。应对人格计算风险建立新型数字社会契约，其核心是划定技术权力的禁入区与守护认知自由的圣殿。在技术权力与人性尊严间划定不可逾越的疆界。

打破算法黑箱垄断需要发动认知领域的"数字启蒙运动"，将公众参与转化为治理系统的进化动力。数字素养教育应超越工具性认知，培养"算法批判思维"：通过模拟沙盘推演展示人格聚类技术的双重可能（如既可用于识别虚假信息，也可制造认知歧视），帮助公众理解技术背后的价值博弈。透明化压力测试应发展为"认知免疫接种"实验，例如定期邀请多元群体挑战人格检测系统，将暴露的漏洞转化为公共讨论素材，在修复技术缺陷的同时提升社会抗压能力。这种参与范式的革命性在于重新定义公民角色——从治理对象进化为技术系统的共同进化者，将生活世界的经验智慧转化为算法进化的矫正力量。当外卖骑手的传播模式认知、退休教师的谣言识别经验都能注入技术系统时，治理工具才能真正获得社会毛细血管级的适应性。

对抗性人格聚类揭示了一个悖论性未来：人们越是依赖算法理解人性，人性越可能被简化为可操纵的参数。在这场没有硝烟的认知保卫战中，技术的胜利不应以人性的退化为代价。唯有将人格尊严确立为不可逾越的价值坐标,才能在虚假信息的迷雾中守住理性对话的灯塔。这需要技术专家的谦逊、立法者的智慧与每个数字公民的觉醒——因为最终,我们对抗的不是虚假信息本身,而是那个在技术狂欢中逐渐失落的、真实的自己。当技术设计成为道德共识的转化器、制度框架化作数字权利的守护神、公众参与升华为集体智慧的孵化场,人们方能在算法的精密计算与灵魂的不可计算性间找到动态平衡。这不仅是治理技术的升级,更是人类在数字深渊边沿的自我救赎,即通过将人性尊严设定为技术进化的绝对原点,让每个闪烁的比特都承载着文明的火种,照亮通往认知自由的数字之路。

5.2 心理健康:数字行为中的风险信号识别与早期干预系统

5.2.1 心理健康风险的数字化标记:从行为数据到心理画像

社交媒体的普及使用户的在线行为成为心理状态的"数字指纹",其语言风格、互动模式乃至视觉表达中潜藏着心理健康风险的早期信号。通过人工智能技术从海量非结构化数据中提取这些信号,构建动态心理画像,既是数字心理学的突破性进展,也是对技术伦理的深度考问。本节从语言风格、行为模式、多模态融合三个维度,系统解析心理健康风险的数字化标记方法,并探讨其技术挑战与未来路径。

(1)语言风格分析:文本背后的心理密码

语言是人类心理活动直接的外显载体。社交媒体中的文字表达——无论是微博、朋友圈文案还是碎片化的评论区互动——都蕴含着情绪状态、认知倾向与自我概念的丰富信息。基于心理语言学与计算社会科学的交叉研究,特定语言特征与心理健康问题的关联模式逐渐清晰。

抑郁状态在语言层面呈现独特的语义坍缩现象,其本质是认知世界在语法维度上的慢性萎缩。当个体陷入抑郁旋涡时,语言系统自发启动自我防御机制，即高频的第一人称单数代词使用构成语法上的"认知茧房"，将主体视角牢牢锁定在封闭的自我参照系中。这种语言表征折射出神经系统的适应性调整——通过收缩叙事半径降低认知负荷，但代价是切断与外部世界的语义连接。时间视角的语法窄化更具诊断价值，即未来时态词汇的消失意味着心理时间箭头的断裂，过去时态的泛滥则形成记忆反刍的语法闭环，如同在语言层面复现抑郁症特有的"思维反刍"神经回路。将情绪黑洞、灵魂负重等隐喻高频出现，这种象征性表达既是对直接陈述的情感回避，也是向外界释放的求救信号。语言分析的关键挑战在于识别隐喻的双重性，即诗意化表达既可能延缓求助行为，也可能成为突破表达障碍的语法桥梁。这要求构建"隐喻解码矩阵"，在文学性外衣下捕捉认知危机的真实轮廓。

焦虑情绪在语言系统中制造独特的时空畸变，其本质是神经系统在语法维度发出的过载警报。疑问驱动型叙事构建起焦虑的语法迷宫——每个假设性问句都是认知反刍的语法节点，无限递归的"如果……怎么办"句式高频出现。模糊限制语的泛滥暴露更深层的认知瘫痪，例如高频出现的"可能""或许"等词汇，实为决策神经回路在语法层面的妥协——通过保留所有可能性的语法出口，掩饰不确定性的焦虑。躯体化表达的语法转译现象具有特殊诊断价值。当心理痛苦突破语言表达阈值时，焦虑情绪被迫改道进入躯体语法系统，将"心跳失控""呼吸枷锁"等身体隐喻作为认知求救的替代性信号。感叹号的爆破性使用、时间敏感词的密集堆砌，在文本平面复现交感神经系统过度激活的生物节律。这些语言特征共同构成焦虑的语法指纹，但分析陷阱在于，需警惕将正常的危机应对语言病理化，应区分适应性焦虑与病态焦虑的语法边界。

自杀风险的语言信号系统本质是心理痛苦突破表达阈值的语法显影，其识别需要构建多模态的语境关联网络。直接性表述的语法价值在于其诊断明确性，但更常见的是隐喻性表达的认知逃逸——当心理疼痛超越语言承载极限时，"永眠""消失"等替代性词汇成为最后的语法避难所。诗歌化表达的隐蔽性尤具挑战：韵脚节奏可能掩饰绝望的深度，意象堆砌或许伪装成艺术创作，这要求发展"诗意解构"技术，在隐喻森林中追踪认知崩溃的语法足迹。凌晨时段的孤岛式发帖，是昼夜节律紊乱在语法维度的投射；历史内容的突然净化（如删除所有快乐记忆），暴露认知连贯性的语法断裂；社交网络的语法性收缩（退群、拉黑），则标志着自我概念在关系语法中的解体。识别系统的核心矛盾在于平衡误报与漏报的伦理张力——过度敏感可能侵犯语言自由，反应迟钝则危及生命安全。

解码文本背后的心理密码，本质是在语言层面进行认知考古。这项技术既不能沦为冰冷的诊断工具，也不该制造新的语言监视牢笼。技术应该通过语法分析重建被心理困境扭曲的意义世界，让语言重新成为连接孤独心灵的桥梁，而非隔离认知痛苦的语法高墙。这要求我们在算法精度与人文温度间找到平衡点，使技术真正服务于对人性复杂性的理解与守护。

（2）行为模式追踪：数字足迹中的心理轨迹

社交退缩在数字空间的行为轨迹，实为心理能量系统塌缩的动力学显影。当点赞、评论等主动社交行为呈现断崖式衰减，这不仅是互动意愿的减退，更是认知资源枯竭的数字化、躯体化表现。私信交流从双向对话退化为单向接收（如持续已读不回），构成了数字时代的"社交缄默症"，反映默认模式网络过度活跃导致的现实疏离。时间节律的紊乱更具诊断深度："数字夜行"模式（如凌晨3点的突发性发帖）不仅是昼夜节律失调的后果，更是对现实时间秩序的认知性叛逃。社群归属感的瓦解过程则暴露认知联结机制的断裂，即从兴趣群组的突然退出到线上活动的持续性缺席，这些行为构成数字化的"社会性冬眠"——通过主动切断信息纽带，试图在认知超载中重建心理屏障。

自我表露的悖论性转变揭示数字时代特有的身份解离机制。过度暴露倾向是心理防御系统的数字性溃堤。当自残经历、药物滥用等私密话题突然涌入公共讨论区，这既可能是绝望中的加密求救信号，也可能是自我认同崩解前的最后闪光。此类表露往往伴随认知监控系统的短路——社会规范的理性审查机制被边缘系统的情绪海啸淹没，形成不受控的信息泄洪。平台间的人格割裂则指向更深层的身份熵增：在微博的绝望宣泄与微信的"阳光人设"间，用户建构起数字化的解离性身份障碍。这种跨平台人格分裂不仅是印象管理的策略性选择，更是自我整合功能失效的行为证据——每个平台都成为承载破碎自我的数字容器。算法推荐系统在此过程中扮演着认知催化剂的角色，即通过强化用户在不同场景的行为差异，持续制造身份认知的断层线。当用户在朋友圈精心编排积极人设，却在匿名论坛释放心理阴影时，完整的自我被割裂为相互否定的数字分身，最终导致现实与虚拟身份的和解可能性彻底湮灭。

追踪行为模式的心理轨迹，本质是对数字化生存困境的考古发掘。每个机械转发的瞬间、每个深夜登录的时间戳、每个平台间的人格断层，都是认知世界的地质层理。这项技术不应沦为冰冷的监控工具，而应成为照见现代性心理危机的棱镜——在数据洪流中识别那些沉默的呐喊，在行为轨迹里发现未被言说的创伤。唯有将技术分析升华为对数字生存的人文关怀，我们方能在算法时代守护心灵的完整性，让每个行为信号都成为理解人性复杂性的珍贵线索。

（3）多模态融合：超越文本的心理健康洞察

多模态分析中的视觉维度能够突破语言表达的防御机制，直抵意识深层的认知地貌。配图色调的演变轨迹构成情绪气候的色谱记录：长期浸润在冷色调光谱中的用户，其视觉选择已超越审美偏好，演变为情绪低气压系统的可视化输出。这种色彩语言遵循非线性衰减规律——从偶发的灰调点缀到系统性色彩剥离，暗示着心理免疫系统的渐进性失能。当明媚的自拍照被抽象暗黑艺术取代，这不仅是视觉风格的转向，更是认知框架解体的美学显影，如同心理防波堤决堤前的最后警示。从多元表情包的丰富使用到单一负面符号的机械重复，反映情感表达的通货紧缩；越是精致的自我边缘化构图（如持续遮挡面部），越是暴露身份认同的深层裂缝。这些视觉要素共同绘制出心理状态的拓扑地图，每个像素都是认知世界的地质样本。

多模态融合的意义在于识别不同信息通道的认知失调，这种冲突性分析为突破心理防御提供了新维度。图文情感背离现象揭示意识的分层断裂，例如阳光沙滩的视觉符号与"活着好累"的文本编码构暴露了心理疼痛在表达层面的相变过程——图像承载着理想自我的投影，文本则沦为现实困境的泄洪口。用欢快语调朗诵悲伤诗歌的行为，实为情感调节系统的代偿性失控，这种矛盾性表达既是认知解体的症状，也是创造性适应的尝试。"行为—内容"不一致性分析则指向求助信号的加密机制，例如高频转发心理健康知识却回避讨论的行为，是未被言明的认知求救信号。单一通道的正常化可能恰是多通道失调的伪装。

（4）技术挑战：在复杂性与准确性之间

心理健康风险的数字化识别面临着人类情绪表达与算法解析之间的语义鸿沟。青少年群体中流行的亚文化用语（如"emo"）在特定语境中可能仅是情感夸张的社交货币，却可能触发系统的危机警报。这种代际语言差异的本质是认知符号系统的快速进化——当Z世代用戏谑化表达消解现实压力时，算法可能仍在用临床诊断框架解码这些加密的情感信号。艺术创作群体的表达悖论更具挑战，例如诗人笔下的死亡意象可能承载着美学追求而非自杀意念，小说中的抑郁描写可能是共情训练而非病理记录。生活事件的应激反应则形成动态干扰源，例如分手期的情感宣泄、失业期的焦虑爆发，这些短期情绪波动在数字空间留下的行为轨迹，与持续性心理障碍的表征存在频谱重叠。破解这些迷雾需要发展"语境感知"技术，不仅分析表达内容，更解析话语的生成场景、群体的符号规则、个体的表达历史，在文化脚本与临床标准的张力间建立动态平衡。但算法永远面临根本性局限——它能够识别符合诊断标准的数字信号，却难以理解人类用痛苦编织的意义之网。

另外，异构数据的时间异步性（如上周的阴郁自拍与今日的积极文案）形成诊断的时间迷雾，要求算法具备时间旅行者的视野——既要理解当下瞬间的语义，又要追溯历史数据的语境。这些交织的技术文化困境昭示着，心理健康评估的数字化进程必须放弃全知全能的算法幻想，转而发展具有文化敏感性、临床兼容性和认知谦逊的技术范式。在情绪表达的诗性与诊断标准的科学性之间，在文化多样性的守护与技术普适性的追求之间，我们需要构建允许模糊性存在的数字缓冲地带。唯有承认机器理解的有限性，在算法系统内保留人类专家的解释权，才能避免将复杂的心理现实压缩为二进制的诊断代码——毕竟，人类心灵的深邃，永远超越任何算法的解析半径。

（5）未来路径：构建负责任的心理计算范式

心理健康计算的未来范式需要突破传统特征工程的局限，向情境感知的认知智能跃迁。当算法不仅能解析用户的发帖内容，更能理解其在数字社会网络中的位置迁移（如从社群核心节点退化为边缘旁观者），风险评估便具备了社会动力学视角。这种整合需要构建关系演化的时间序列模型，捕捉好友互动的衰减速率、社群角色的渐变轨迹等微观社会信号。生命周期建模则要求算法具备发展心理学的时空视野，即通过分析用户五年甚至更长时间的行为基线（如季节性情绪波动规律、重大生活事件后的适应模式），建立个性化的心理健康生物钟。这种长期视角能有效区分暂时性应激反应与持续性心理障碍——就像树木年轮记录气候变迁，数字足迹的年轮式分析可揭示心理韧性的生长轨迹。真正的突破在于动态基准的建立，不是用群体常模切割个体差异，而是让算法学会识别每个人独特的心理节律，在尊重个体成长轨迹的前提下检测异常波动。这要求技术范式从疾病筛查转向健康促进，将心理健康计算重塑为持续性的数字自我认知镜像。

跨学科框架的构建本质是临床知识与机器学习的双向转译工程。将抑郁症筛查（PHQ-9）量表等诊断工具转化为可计算特征，绝非简单的指标数字化，而是需要构建"临床语义中间层"——将"兴趣丧失"转化为可观测的社交行为衰减梯度，把"睡眠障碍"映射为数字夜行的时间序列模式。这种转译必须保持诊断标准的临床效度，同时适应数字行为的表达特性。当心理咨询师在协同平台标注算法存疑案例时，例如艺术化表达与真实危机的模糊地带，这些人类判断将转化为算法进化的训练信号，形成临床智慧与计算智能的共生循环。这种人机协同不是简单的决策权分配，而是认知维度的深度融合——算法提供多维行为透视，人类专家贡献情境化解读，二者在交互验证中共同拓展心理评估的认知边界。这种框架的目标是创建数字时代的"循证心理医学"，其中每个诊断决策都是临床经验、个体表达、行为数据的三体问题解，而非算法或人类专家的单极判断。

方言与亚文化词库的建设需要超越术语收集的表层工作，深入解构新兴网络用语的意义生成机制——"躺平"在倦怠青年口中可能是抵抗宣言，在抑郁症患者笔下或许成为绝望信号。这要求算法具备文化语义的弹性解析能力，既能识别"想死"在游戏社群的戏谑属性，也能捕捉其在深夜独白中的危险权重。本土化隐喻映射则需构建文化精神分析层。当江南用户用"梅雨般的心情"隐喻抑郁，当西北网民以"荒漠化"象征情感枯竭，算法必须理解这些地理意象背后的心理地形。亚文化社群的符号解密是另一重挑战。二次元群体用虚拟角色代偿现实自我，电竞圈层将胜负焦虑转化为团队黑话，这些独特的表达生态系统要求计算模型具备适应性的阐释能力。实现这一目标需要发展"文化向量空间"——将地域传统、代际特征、社群规范编码为可计算的文化维度，使算法在评估心理健康风险时，能自动校准文化透镜的屈光度。这种根植性计算不是技术的地方主义，而是对人性复杂度的尊重——在全球化与本地化的张力中，守护每个文化群落独特的痛苦表达语法。

心理健康计算的未来图景应是技术谦逊与人文勇气的合奏：情境智能赋予算法社会脑的洞察力，临床融合重塑循证医学的知识生产方式，文化根植性守护多样性的精神生态。这要求我们放弃"算法替代"的迷思，转而构建人机共生的评估生态系统——在这里，技术不是丈量心灵的标尺，而是照亮认知迷宫的烛光；不是诊断疾病的利刃，而是连接孤独的桥梁。唯有如此，数字时代的心理健康评估才能超越监控逻辑，真正成为促进人类精神进化的温暖镜像。

5.2.2 分级干预系统的设计：从机器预警到人工介入的协同路径

在当今数字化时代，心理健康问题日益受到关注，构建一套既有效又人性化的干预响应机制成为当务之急。分级干预系统旨在通过对不同风险程度的心理健康信号进行精准识别，并采取相应的干预措施，实现从机器预警到人工介入的协同工作，为有需要的人群提供及时且恰当的帮助。这一系统的核心问题在于如何在保证干预有效性的同时，充分体现人性化关怀，尊重用户的权利与感受。

（1）预警分级标准

在心理健康风险的连续谱中，一级预警针对的是低风险信号。这类信号通常表现为个体偶尔出现的负面情绪词，可能反映出其当下正经历短暂的情绪波动，但尚未达到较为严重的程度。例如，在社交媒体的动态中，偶尔使用"郁闷""烦躁"等词汇。对于这类情况，系统采取的是机器响应模式。系统会自动推送减压小贴士，这些小贴士需要涵盖丰富多样的应对策略。比如，建议用户进行简单的深呼吸练习，通过缓慢而深沉的呼吸，调节身体的生理反应，缓解紧张情绪。还可能推荐一些放松肌肉的方法，如从头到脚依次紧绷和放松各个肌肉群，帮助身体进入放松状态。同时，系统会引导用户至冥想音频。冥想音频具有多种类型，有专注于平静内心的自然音效冥想，如潺潺流水声、鸟鸣声，让用户仿佛置身于宁静的自然环境中；也有通过引导语帮助用户进行心理暗示的冥想，如"我感到平静与放松"等语句的重复，帮助用户调整心态。此外，系统还会提供危机热线信息，即使是低风险的情绪波动，也为用户提供了一个随时可以获取专业帮助的途径，以防止情绪进一步恶化。这种自动响应的方式，能够在第一时间为用户提供支持，帮助他们自我调节情绪，同时也不会给用户带来过多的干扰，符合低风险状态下对干预的需求。

当系统监测到中风险行为时，便会触发二级预警，这一阶段采取人机协作的干预模式。中风险行为的判定通常基于一些较为明显的行为模式，例如连续3天深夜发布消极内容。深夜往往是人们情绪较为脆弱的时候，连续多日在此时发布消极内容，表明个体可能正处于一段持续的心理困扰中。在这一预警级别下，首先会触发AI心理咨询师对话。AI心理咨询师能够以自然流畅的方式与用户交流。通过精心设计的对话流程，AI心理咨询师会引导用户深入探讨自己的情绪和困扰。它会询问用户最近发生了什么事情导致情绪低落，让用户有机会倾诉内心的烦恼。同时，运用认知行为疗法等专业心理治疗理论，对用户的思维模式进行分析和引导。如果用户存在一些消极的认知偏差，如过度概括、灾难化思维等，AI心理咨询师会通过温和的提问和解释，帮助用户认识到这些思维的不合理性，并引导他们尝试用更积极、合理的方式看待问题。与此同时，系统会同步通知用户信任联系人，但这一操作需要提前获得用户的授权。这一举措的目的是在用户处于心理困境时，借助其社交支持网络给予帮助。信任联系人可以是用户的亲朋好友，他们对用户的生活背景和性格特点较为了解，能够提供更具针对性的情感支持。例如，联系人在收到通知后，可以主动与用户联系，约用户一起出去散步、聊天，通过面对面的交流，缓解用户的心理压力。这种人机协作的方式，既发挥了AI心理咨询师专业、即时的优势，又借助了用户社交关系中的情感支持力量，为处于中风险状态的用户提供更全面的干预。

对于高风险信号，如明确自杀计划表述，系统会启动三级预警，这是最为紧急且关键的干预阶段——采取人工介入的方式。此时，情况已经十分危急，需要专业机构迅速行动，启动主动关怀机制。专业机构的联动包括心理医生和社区工作者等多方面力量。心理医生会通过私信的方式与用户取得联系，以专业的素养和丰富的经验，与用户进行深入沟通。他们会对用户的自杀风险进行全面评估，包括询问自杀计划的具体细节、实施时间、动机等，同时了解用户近期的生活事件、心理状态等。在沟通中，心理医生运用专业的心理治疗技巧，稳定用户的情绪，让用户感受到被理解和关心。例如，采用积极倾听的技巧，给予用户充分的表达空间，让他们倾诉内心的痛苦和绝望，同时通过恰当的回应，传达对用户的尊重和接纳。社区工作者也会参与到主动关怀行动中，必要时会上门提供帮助。他们可以协助心理医生了解用户的生活环境和实际需求，为用户提供生活上的支持和保障。比如，如果用户因生活困难而产生心理危机，社区工作者可以帮助用户申请相关的救助政策，解决实际生活问题。这种多专业、全方位的人工介入方式，能够在最紧急的情况下，为处于高风险的用户提供及时有效的救助，最大限度保障用户的生命安全。

（2）交互设计伦理

在分级干预系统的设计中，用户控制权是至关重要的一环。系统充分尊重用户的自主权利，允许用户自定义预警敏感度。不同的用户对于自身心理健康状态的感知和接受程度各不相同，有些用户可能希望系统能够对哪怕是最细微的情绪变化进行监测和预警，而有些用户则可能更倾向于在情绪问题较为明显时才收到提醒。通过提供自定义预警敏感度的功能，用户可以根据自己的需求和偏好进行设置，确保系统的干预不会给他们带来不必要的困扰。同时，用户还能够选择是否分享数据给第三方机构。在数字化时代，个人数据的隐私保护至关重要。系统明确告知用户数据的使用目的和流向，让用户能够自主决定是否愿意将自己的心理健康相关数据分享给第三方机构，如专业的心理研究机构或其他提供心理健康服务的组织。这一举措不仅保护了用户的数据隐私，也增强了用户对系统的信任。例如，用户在注册使用系统时，会收到详细的数据隐私政策说明，明确告知他们的数据将如何被收集、存储、使用以及分享的可能性。用户可以在系统设置中随时更改自己的分享选择，确保自己始终对个人数据拥有控制权。

　　为了避免触发病耻感，系统在界面设计上应采用去污名化的策略。传统的"心理问题警报"等表述，往往会给用户带来一种负面的、带有标签化的感觉，可能导致用户对自身心理状况产生抵触情绪，甚至不愿意接受系统的干预。因此，系统应采用"压力管理支持"等更温和、积极的表述来替代。在界面的视觉设计上，也须避免使用可能引发负面联想的元素。在色彩选择上，倾向于使用柔和、温暖的色调，如淡蓝色、浅黄色等，这些颜色能够给人带来平静、舒适的感觉。图标和图形的设计也更加简洁、友好，避免使用过于抽象或带有威胁性的图案。例如，在提示用户有相关干预措施时，使用一个微笑的图标搭配"为您提供压力应对建议"的文字表述，而不是使用一个警示性的感叹号图标。通过这样的去污名化界面设计，让用户在使用系统的过程中，感受的是一种支持和帮助，而不是被贴上"心理问题患者"的标签，从而更愿意主动接受系统提供的干预服务，促进心理健康的改善。

　　综上所述，分级干预系统旨在通过科学合理的预警分级标准和充分体现伦理关怀的交互设计，构建一条从机器预警到人工介入的协同路径，致力于为用户提供既有效又人性化的心理健康干预响应机制，在数字化时代为人们的心理健康保驾护航。

5.2.3　技术赋能的双刃剑：隐私、误判与过度依赖风险

　　社交媒体的心理健康预警系统如同一把锋利的手术刀，既能精准定位心理危机的潜在病灶，也能在无形中割裂数字时代的信任纽带。当技术试图解析人类最私密的情感世界时，其带来的不仅是干预效率的提升，更伴随着对隐私疆域的侵蚀、对复杂人性的误读，以及对真实人际关系的解构。如何在心理健康干预中平衡技术效能与伦理底线，成为横亘在科技创新与社会责任之间的核心命题。

　　（1）隐私侵犯风险：心理监控的伦理困境

　　心理健康数据的特殊性在于其直指人类情感的核心地带。社交媒体平

台通过语言分析、行为追踪甚至生物识别技术（如面部表情识别）构建的心理健康评估系统，本质上是对用户内在世界的透视与解构。这种透视行为引发双重悖论：一方面，心理危机干预需要尽可能全面的数据支持；另一方面，数据的深度采集必然触及隐私保护的敏感神经。

当用户意识到自己的每一条动态、每一次搜索都可能被算法标记为"心理异常信号"时，其行为模式将不可避免地发生扭曲。部分用户会选择压抑真实情绪表达，用程式化的"安全话术"替代自然流露，例如刻意避免使用"孤独""绝望"等词汇，或伪装积极人格以规避系统监测。这种自我审查机制不仅削弱了社交媒体作为情感宣泄渠道的社会功能，而且可能加剧本就存在的社交孤立倾向——当人们无法在虚拟空间释放压力时，现实中的心理支持系统可能承受更大负荷。

更严峻的风险在于心理健康数据的二次利用。保险机构可能通过算法推断用户抑郁倾向而提高保费或拒绝承保；雇主可能将焦虑特征标记为"抗压能力不足"影响雇佣决策；教育机构甚至可能根据青少年的心理风险评估调整录取政策。这些衍生伤害往往发生在用户不知情的情况下，形成算法歧视的隐蔽链条。想象一下，如果某健康类 App 因将用户情绪数据共享给广告商，导致针对性推送高利贷广告给抑郁群体，会产生多么可怕的后果？再如，系统通过分析员工的面部微表情、语音语调，甚至键盘敲击速度，实时生成情绪报告，导致某员工因"长期焦虑指数超标"被降薪……

（2）算法误判危害：数字诊断的认知盲区

机器学习模型在心理健康评估中的局限性，源于人类情感表达的复杂性与文化多样性。当算法试图用统计学规律捕捉心理危机信号时，难免陷入"过度简化"与"刻板归类"的认知陷阱。

艺术创作领域是误判的重灾区。诗人通过"黑夜""深渊"等意象抒发存在主义思考，小说家借人物之口描写自杀场景，音乐人在歌词中刻画心理挣扎——这些创造性表达很容易被算法识别为自杀倾向信号，触发不必要的预警甚至强制干预。想象一下：某社交平台因误判用户发布的诗歌为自杀预告，导致警方上门核查引发公众争议。此类误判不仅造成资源浪费，更可能对创作者的心理健康造成二次伤害。当艺术表达与病理症状的界限被算法模糊,创作者将被迫在自我审查与创作自由之间艰难抉择。

另一极端是算法对"微笑抑郁"群体的识别失效。这类人群在社交媒体上维持积极表象(如频繁发布健身打卡、聚会照片),却通过深夜匿名小号或加密日记 App 倾诉真实痛苦。如果模型过度依赖公开文本分析,难以穿透精心维护的人格面具。更隐蔽的风险在于文化表达差异:东亚地区用户常以"最近有点累""需要静静"等含蓄措辞传递抑郁情绪,而西方国家用户模型训练数据中的直白表述(如"我想死")难以有效捕捉这类信号。当技术无法理解"弦外之音",那些最需要帮助的群体可能被系统遗漏。

(3)技术依赖陷阱:人际关怀的数字化消解

人工智能心理咨询工具的兴起重构了传统心理援助的供需关系。聊天机器人提供 7×24 小时即时响应,情感分析算法给出标准化建议,自助干预程序提供模块化训练——这些技术方案在提升服务可及性的同时,也悄然改变着人们对心理支持的认知方式。

当用户习惯于向 AI 倾诉隐私、依赖算法评估情绪状态时,现实人际关系可能发生微妙退化。部分青少年将社交媒体上的虚拟陪伴视为主要情感寄托,逐渐丧失与家人朋友深度沟通的能力;焦虑症患者可能沉迷于反复测试心理状态评分,陷入"数据焦虑"的新困境。更值得警惕的是"数字化移情"现象,例如用户对 AI 心理咨询师产生情感依赖,将机器生成的标准化安慰误认为个性化关怀,这种错位的信任可能延缓寻求专业帮助的时机。

技术依赖的另一个副作用是自我诊断的泛滥。各类心理测评工具以"五分钟了解你的抑郁程度"为噱头吸引用户,算法根据碎片化行为数据给出"中度焦虑""潜在双相障碍"等标签。缺乏心理学背景的普通用户往往将这些简化结论等同于专业诊断,或根据网络信息对号入座,催生出新型"网络孟乔森综合征"——通过刻意修改行为数据获取关注,或强化自身"患者"身份认同。这种自我实现的预言效应可能加重轻微心理困扰,甚至诱发新的心理问题。

(4)治理路径重构:在技术创新与人性尊严之间

应对技术赋能的伦理挑战需要建立多层治理体系。从数据采集的源头控制，到算法决策的过程监督，再到服务落地的生态衔接，每个环节都需注入人文关怀的基因。

数据治理的克制哲学应成为基本准则。平台需严格遵循"最小必要原则"，仅收集与风险评估直接相关的行为数据（如发帖频率、关键词密度），禁止存储聊天记录原文、私密日记等深度隐私内容。对语音语调、微表情等生物识别数据，应设置更高授权门槛并提供实时删除选项。

算法透明度的提升是化解信任危机的关键。平台应向用户开放"心理健康评估报告"查询功能，清晰展示预警触发因素（如特定关键词密度异常、社交行为模式突变），并提供异议申诉通道。透明化设计不仅赋予用户知情权，也为算法化提供了众包反馈渠道。

人机协同的服务生态是规避技术依赖的根本出路。AI 系统应定位于"危机哨兵"与"资源导航员"，而非替代专业心理干预。当检测到高风险信号时，系统除了推送自助资源，更应提供便捷的线下服务转介——包括地理位置最近的心理咨询机构、政府补贴申请指南、互助小组活动信息等。

心理健康干预的数字化转型，本质上是将人类最柔软的情感世界转化为可计算的参数矩阵。在这个过程中，技术开发者需要始终保持对人性复杂性的敬畏。算法可以识别"崩溃"这个词的出现频率，但无法理解深夜发出这个词时手机屏幕前的泪痕；模型可以统计社交互动的数据衰减，但无法感知取消好友键按下瞬间的心痛。真正的心理健康革命，不应是冰冷的数据监控，而应是科技赋能下更温暖的社会支持网络。唯有将技术创新约束在人性尊严的边界之内，我们才能避免"治愈"沦为"控制"、"关怀"异化为"规训"，在数字时代守护心理自由的最后净土。

5.2.4　特殊群体视角：青少年与边缘人群的心理健康干预特殊性

数字时代的心理健康服务面临着伦理与技术双重挑战，而青少年与边缘人群的干预需求如同一面棱镜，折射出技术普惠理想与现实落地困境之间的深刻张力。当算法试图穿透代际隔阂、文化壁垒与社会排斥的迷雾时，其引以为傲的标准化解决方案往往在特殊群体的独特境遇前黯然失色。这不仅关乎技术优化的方向，更触及数字文明时代如何守护人性尊严的根本命题。

（1）青少年群体：在保护与赋权之间的伦理钢丝

青少年的心理健康干预始终游走于监护权与自主权的模糊地带。数字原住民一代将社交媒体视为自我表达的主阵地，其深夜动态中的绝望独白、加密日记 App 里的痛苦倾诉、虚拟社群的亚文化暗语，构成了隐秘而复杂的心理图景。平台算法在扫描这些数字足迹时，面临的不仅是技术识别难题，更是法律与伦理的价值抉择。

知情权与隐私权的角力在亲子关系中表现得尤为激烈。可以想象，"家长警报系统"几乎必然会引发巨大争议：当 AI 检测到青少年发布自残相关内容时，系统自动向其父母发送预警。这种干预显然能够及时阻止自杀危机，但也必将导致部分青少年转入更隐蔽的匿名平台，甚至通过字符替换、谐音梗等对抗性策略规避监测。更严峻的是，那些成长于高压家庭环境的孩子，可能因预警触发家庭冲突而陷入更深的心理绝境。这迫使技术开发者必须慎重思考预警机制的设计哲学。

青春期情绪病理化的误诊风险则来自技术模型的文化盲区。青少年在社交媒体上的夸张表达（如"emo 到窒息"）往往混合着身份探索的表演性与真实痛苦，这与临床抑郁症的持续心境低落存在本质差异。青少年的数字行为需要放置在成长阶段特有的认知框架中解读，而非简单套用成人世界的诊断标准。

（2）边缘人群：数字鸿沟中的沉默求救者

在社交媒体光鲜的数据图景之外，老年群体的心理健康需求往往处于技术照明的暗区。他们的痛苦表达受制于文化传统、教育水平与数字素养的多重过滤，形成独特的"不可见性困境"。

非标准语言的情感密码构成了首道技术屏障。例如，偏远地区留守老人通过转发佛经配图传递孤独感，这种"非规范"表达方式对主流自然语言处理模型构成严峻挑战。针对特定群体的心理危机识别模型需专门纳入地域方言词库、行业特定隐喻等，并将标点非常规使用（如连续感叹号表达无助）纳入特征工程。边缘人群的心理语言本质上是文化身份与生存境遇共同书写的加密文本。

文化敏感性的数字化转译则是更深层的系统性工程。文化敏感性的数字化转译是一项深层次的系统性工程。在将心理健康相关服务进行数字化推广至特定文化群体时，经常面临诸多挑战。以某些具有独特文化传统的社区为例，在引入心理健康数字化产品过程中，传统的文化理念和实践方式难以直接转化为数字化形式。像传统疗愈仪式中一些抽象的、与特定环境紧密相连的理念，难以简单地对应为虚拟空间里的按钮交互操作；长辈通过口述传承的一些独特知识和解析方式，也无法被常规的标准化问卷所涵盖和捕捉。

为应对这些难题，项目组往往需要采取创新性的策略。例如采用参与式设计方法，邀请该文化群体中的关键人物与数字技术专业人员共同协作。在合作开发过程中，充分考虑文化元素与数字技术的融合，创造出符合该文化群体需求和认知习惯的数字化产品。比如构建一种融合现实与虚拟元素的系统，用户借助特定设备，能够身临其境地体验与自身文化紧密相关的场景，同时该系统还能采集用户的生理数据，以此来评估用户的心理状态。

在进行数字干预时，必须将其打造为文化叙事的延续，而非对传统文化的替代，只有这样才能真正满足特定文化群体的需求，实现数字化服务在不同文化背景下的有效应用。

（3）技术民主化：从算法霸权到包容性设计

突破特殊群体的心理健康干预困境，关键在于对技术开发的权力结构进行重构。在当前的技术环境下，主流的 AI 训练数据大多源自互联网主流群体，这就不可避免地产生了数据偏见问题。这种偏见致使相关系统在面对受困于数字鸿沟的群体时，存在极大的理解障碍，难以精准把握他们的真实心理状态和需求。

为解决这一问题，需要一种创新的思路，例如发起专门的数据捐赠活动，鼓励边缘群体积极参与。通过匿名的方式，边缘群体可以上传自己在社交媒体上的数据，并深度参与到模型标注工作中。在这一过程中，不同群体的独特表达和心理状态能够被系统学习和理解。以某些具有特定文化内涵的群体为例，系统可以在他们的协作下，学会识别与特定心理状态相关的多种隐喻表达，从而显著提升危机检测的灵敏度。

当技术设计能够切实尊重文化多样性，充分考虑不同群体的独特需求和文化背景时，原本横亘在特殊群体与主流技术之间的数字鸿沟，完全可以转变为促进情感联结、实现有效心理健康干预的桥梁。

（4）系统性变革：政策、社群与技术的三重奏

特殊群体的心理健康干预不应仅局限于对现有技术进行简单修补，还需要推动教育、法律以及社区支持等多方面的系统性变革。在教育层面，可以针对那些高频接触边缘群体的人员开展专项培训计划。培训内容围绕识别特殊群体的求助信号展开，这些信号不应仅局限于社交媒体范畴，还包括在日常生活和工作场景中的异常表现，例如突然停止活跃、工作表现出现明显异常等情况。

从法律角度而言，有必要制定相关法规要求社交平台采取一系列措施。比如设立特定职位，专门负责审核算法对特殊群体是否存在潜在歧视，同时建立关于传统疗愈资源的数字目录，为特殊群体获取多元化的心理健康支持提供保障。

在社区支持方面，需要将心理健康服务巧妙地融入特殊群体的日常场景中。可以在一些常见的娱乐活动或生活场景里，适时地融入心理健康相关内容，像插播情绪管理技巧、推送心理自测工具，或者以直观醒目的方式展示求助渠道。这种"去诊所化"的干预策略，更贴合边缘人群的生活实际和行为逻辑，可以提高他们对心理健康服务的接受度和参与度。

当18岁的性别认知障碍者在匿名博客写下"我的灵魂困在错误的像素里"，当外卖骑手在朋友圈感慨"送完这单暴雨中的外卖，才能给家人更好生活"，当乡村留守儿童在短视频中展示自己独自坚守的日常并渴望父母的陪伴，当非遗传承者在数字化展示平台上努力寻找传统技艺与现代生活的融合点——这些数字时代的心理叙事提醒我们：技术永远无法替代对人类境遇的深刻共情。特殊群体的心理健康干预既是算法的试金石，更是文明包容度的测量仪。唯有当技术创新学会倾听那些被主流话语淹没的声音，数字福祉的承诺才能真正照亮每个隐秘的生存角落。

5.3 教育革新：学习者人格适配的个性化教学方案

数字时代的教育正在从"标准化流水线"转向"个性化裁衣"，而学习者的人格特质——如开放性、尽责性、外向性等——成为重塑教学范式的关键维度。通过识别学生的人格特质并设计适配的教学策略，教育者能够激发学习潜能，降低认知负荷，并培养更具韧性的终身学习者。

5.3.1 人格特质驱动的学习风格解析与教学策略设计

教育的终极目标在于唤醒每个学习者的内在潜能，而人格特质作为个体认知与行为的深层密码，正成为破解因材施教难题的关键密钥。大五人格模型所揭示的心理特征差异，为教育者提供了超越传统智力分类的差异化教学视角。当教育系统开始将人格特质纳入教学设计框架时，一场从"标准化灌输"到"个性化唤醒"的范式革命正在悄然发生。

（1）开放性群体的创造性激发与认知锚定

高开放性学生在学习过程中有着独特的特质，他们宛如在知识海洋中积极探索的探险家，对新奇思想有着本能的渴望，并且具有跨领域联结的认知偏好。这种特质在一方面构成了他们的学习优势，使其能够快速接纳新的知识理念，从不同领域知识的关联中获得启发；另一方面，也可能对他们的深度学习造成阻碍。在传统课堂环境下，这类学习者的表现往往呈现出两种极端状态。其一，当教学内容缺乏足够挑战性，难以满足他们对新奇知识的追求时，他们会对课堂兴趣索然，难以集中精力投入学习；其二，由于他们热衷于广泛探索，因此容易沉溺于碎片化的知识探索过程，进而导致所构建的知识体系松散，缺乏系统性和连贯性。

项目制学习模式的引入，为激活高开放性学生的创新潜能提供了有效途径。项目制学习通常会设置综合性的课题任务，学生需要整合多个学科领域的知识来完成任务。这种跨界的任务形式恰好契合高开放性学生的认知需求，能够充分调动他们的学习积极性和创造力。

然而，高开放性所带来的影响具有双刃剑效应，这一点不容忽视。部分高开放性学生在学习过程中可能陷入一种类似"知识松鼠症"的状态，即不断地收集各类信息，但缺乏对这些信息进行系统整合的能力。为解决这一问题，教育者需要在给予学生自由探索空间与帮助他们建立稳定认知结构之间，构建起有效的平衡机制。例如，可采用一种双轨制的教学设计模式，在学习时间安排上，划分出不同阶段用于不同类型的学习活动。在一个阶段，鼓励学生进行跨学科的主题研讨，充分发挥他们的探索精神，接触多元的知识和观点；在另一个阶段，则引导学生运用思维导图等工具，将前期碎片化的知识发现进行结构化整理。在这个过程中，教师扮演着关键的引导角色，需要帮助高开放性学生识别不同领域知识之间的内在逻辑关系。比如，通过运用隐喻联结的方式，引导学生将看似不相关的不同学科概念联系起来，以此帮助他们构建起深度思考的框架。这样的教学设计，既能够保留高开放性学生思维活跃的优势，又能有效规避因过度自由探索而产生的认知离散风险，从而促进他们在学习过程中实现更高效、更深入的发展。

（2）尽责性群体的结构化支持与弹性培养

尽责性高的学习者在教育系统中常被视为"模范生"。他们对待学习态度严谨，严格依照既定的学习计划推进学习进程，对待作业认真细致，力求完美地达成各项作业要求，会积极主动地设定并努力追求绩效目标。然而，当这种尽责性特质被过度强化时，可能衍生出一些问题，致使他们的思维趋于僵化，形成过度规避风险的倾向。比如在考试场景中，尽责性学生在标准化考试里往往能够凭借对规则的熟悉和认真的态度取得不错的成绩。但一旦面对开放式问题，他们常常会陷入"决策冻结"的困境。他们在缺乏明确、细致的评分标准作为行动指引时，不敢轻易动笔作答，对于那些具有模糊性、不确定性的问题，会显露出强烈的焦虑情绪，严重限制了他们在这类问题上的思维拓展与发挥。

为了充分激发尽责性学生的创造潜能，教育者有必要对现有的结构化支持体系进行重新构建。理想的结构化支持体系应当既能满足尽责性群体对清晰学习框架的需求，让他们在学习过程中有明确的方向感，又能为他们预留出足够的个性化探索空间，鼓励他们发挥自主创新能力。同时，还应设计一些特殊情境，帮助他们逐步适应学习中的不确定性，提升应变能力。

（3）外向性群体的社交化学习与深度参与平衡

外向性学习者的学习动力主要来源于人际的互动交流。在传统教室以教师单向讲授为主的教学模式下，他们丰富的认知资源常常无法得到充分的利用与释放，处于一种相对闲置的状态。通常来说，当外向性学生处于纯自主学习环境中时，其知识留存率相较于在社交化学习环境中会有明显下降。这一现象很好地解释了为何像小组讨论、角色扮演这类强调人际互动的教学方法，能够显著提升外向性学生的学习效率与效果。

不过，社交化学习的设计需要精心把控与调节。若在教学过程中过度侧重互动环节，就容易引发"表演性参与"的不良现象。此时，学生可能仅仅热衷于观点交锋带来的表面热闹氛围，而忽略了对知识的深入理解、吸收与内化。因此，在设计社交化学习模式时，需要采取一些策略引导学生将社交互动所产生的能量有效地转化为深度学习的动力。例如，可以制定相应的规则或运用特定的工具，促使学生在互动过程中适时进行反思和沉淀；教师也可以为学生设计一些知识转化任务，帮助他们将互动讨论的成果进一步梳理、深化，从而实现从表面参与到深度学习的转变，切实提升他们的学习质量与能力。

（4）神经质性群体的情感安全构建与抗压训练

高神经质性的学习者对批评极为敏感，很容易陷入挫败感的困扰之中。在传统教育所营造的竞争机制环境下，他们的认知负担往往会进一步加重，导致认知损耗加剧。这种情况促使教育者必须重新审视和思考现有的教育评价体系，探寻更适合神经质性学生的评价方式与学习支持策略。

可以考虑构建一种能为神经质性学生提供情感安全保障的学习环境，同时给予他们适度的压力挑战，以促进其情绪调节能力和抗压能力的发展。比如设计一种将复杂学习任务分解为多个可逐步完成的子目标的学习模式，并在学生完成每个子目标时给予及时的正向反馈激励；或者利用先进的技术手段，根据学生的具体情况动态调整学习压力，同时结合生物反馈训练等方式，帮助学生在面对压力时学会自我调节情绪，逐步提升他们的压力耐受阈值,使他们能够在一个既安全又具有一定挑战性的环境中实现良好的学习与发展。

(5) 人格动态交互与教学系统适应性挑战

学习者的人格特质并非固定不变、始终如一的,而是一个会随着年龄的增长、所处环境的改变以及个人经历的丰富而持续演变的动态系统。以青春期学生为例,他们可能因为在社交过程中遭遇挫折,原本外向开朗的性格逐渐变得内向;或者在强大的应试压力之下,原本具有的开放性特质被暂时压抑。这种人格特质的动态变化特性,对基于人格适配的教育提出了更高层次的要求。教学系统需要具备能够动态追踪学生人格变化的能力,并且能够根据这些变化灵活、及时地调整教学策略,以更好地满足学生在不同阶段的学习需求。

但这种注重灵活性与个性化的教学系统适应机制在实际应用过程中,面临文化适应性方面的严峻考验。在集体主义教育体系中,由于传统教育观念和评价标准的影响,个性化教学的推行往往会遇到诸多阻碍。因此,要实现人格适配教育的有效落地,关键在于找到一种方式,能够在教育创新所带来的价值与传统教育的诉求之间搭建起一座清晰可见、切实可行的联结桥梁。通过这种桥梁,让教育创新的理念与实践能够被传统教育环境中的各方所理解、接纳,从而推动教育朝着更加贴合学生个体人格特质与发展需求的方向稳步前进。

当教育真正开始尊重每个灵魂的独特纹路,教学便不再是知识的搬运,而是生命的对话。人格特质驱动的教学策略不是将学生分类囚禁于算法牢笼,而是为其铺设通向自我实现的多元路径。这需要教育者具备双重智慧:既善用技术解析人格密码,又保持对人性复杂性的敬畏;既构建精准适配的教学框架,又预留超越标签的成长空间。唯有如此,教育才能实现其最本质的承诺——让每个学习者都能在知识探索中遇见更好的自己。

5.3.2 技术赋能的人格适配系统:从数据采集到动态调整

教育领域的数字化转型正经历从"数据积累"到"认知洞察"的质变,而人格特质的量化解析为这场变革注入了人性化基因。当人工智能开始解读学生点击流中潜藏的尽责性波动,当可穿戴设备捕捉到神经质群体的生理压力信号,教育系统便不再只是知识传递的管道,而是演化为理解、适应并激发每个学习者独特潜能的智慧生命体。这场教育范式的升维之旅,既需要突破多模态数据融合的技术壁垒,也必须在隐私保护与伦理约束间找到平衡支点。

(1) 多模态数据融合:构建人格的数字化镜像

现代学习者的数字足迹早已超越简单的登录记录与测试分数,其行为模式、语言表达与生理反应的复杂交织,构成了人格特质的全息投影。在线学习平台中,一位学生反复回看函数图像的微课视频,在讨论区写下"这种曲线变化让我联想到股市波动",同时智能手环监测到其观看难点时的皮电反应显著升高——这些离散的数据点经由算法缝合,逐渐显露出高开放性人格的认知特征,即强烈的知识联结欲望与跨领域类比能力,但也伴随认知超载风险。

行为数据如同人格的骨架,勾勒出学习风格的轮廓。点击流中的路径选择(如优先完成擅长的文学模块)、停留时长分布(在几何证明题界面反复徘徊)、错误模式的重复规律(总是混淆化学方程式配平步骤),这些行为轨迹经图神经网络解析,可推断学生的尽责性水平与知识整合策略。通常情况下,高尽责性学生倾向于线性推进课程模块,其错误率随任务难度呈平滑上升曲线;而开放性主导者则呈现跳跃式探索,错误模式突发且离散,这种差异直接影响教学策略的生成逻辑。

语言数据则灌注了人格的情感温度。讨论区提问的句法复杂度(如"是否存在比贝叶斯定理更普适的概率框架?")、同伴互评中的情感倾向(频繁使用"惊艳""启发"等积极词汇)甚至表情符号的使用规律,这些语言特征经情感计算模型处理,可映射出宜人性与外向性的动态变化。

生理数据提供了最本真的人格读数。脑电波中的 θ 波与 α 波比例变化揭示注意力起伏,心率变化反映认知压力水平,眼动轨迹暴露知识盲区的无意识回避——这些生物信号与学习行为的耦合分析,使系统能穿透学生的主观表达,捕捉其真实认知状态。这种基于生理反馈的动态调节,使教育干预从行为矫正迈入神经适应阶段成为可能。

（2）实时人格画像更新：教育系统的动态进化论

青少年的心智发展不是静态快照，而是流动的影像。传统教育系统的人格评估往往滞后于真实变化，而现代自适应平台通过持续学习机制，实现了从"阶段诊断"到"实时响应"的跨越。这种动态适应的核心在于人格特征的时空建模技术。深度时序网络（deep temporal network）可捕捉特质的阶段性波动，例如青春期尽责性的"U形曲线"——由于前额叶发育滞后，许多学生在初中阶段出现计划执行力下降，到高中后期逐步恢复。系统通过比对百万量级的发育轨迹数据，能区分正常波动与病理偏离，避免过度干预。更精妙的是元学习（meta-learning）框架的应用。当发现某类教学策略在相似人格群体中持续失效时，算法应根据教育分析人员提出的假设（如"高开放性+低尽责性群体需要更强的认知锚定点"），设计A/B测试验证后更新策略库，形成教育智慧的进化。

（3）隐私保护框架：在数据炼金术中守护人性尊严

教育数据的敏感性在于其直指人的本质特征。当脑电波模式可能泄露多动症倾向，当语言模型能推断家庭社会经济地位，传统的数据脱敏技术已无法应对人格画像的隐私风险。差分隐私（differential privacy）技术则为数据共享加上噪声锁链。例如，学生的人格特质在入库前被添加随机扰动，外向性得分75的个体可能被记录为73或77，但整体分布保持统计显著性。这种数学处理使得黑客即便窃取数据库，也无法确认特定个体的真实人格轮廓。更前沿的同态加密（homomorphic encryption）技术，甚至允许在加密数据上直接进行模型推理——系统可以判断某加密脑电信号序列是否显示焦虑特征，却无法解密原始神经信号。

（4）伦理暗礁：当算法凝视穿透心灵之窗

技术赋能的阴影中潜伏着异化危机。引入人格适配系统可能导致教师逐渐依赖算法推送的教学方案，使教案越来越像拼装零件，失去了对学生灵性的直觉感知。这种可能性暴露了深度算法依赖的双重风险，即教师专业判断力的萎缩，以及教育过程中不可量化的情感联结的流失。当系统建议为高开放性学生提供跨学科项目时，可能忽视其近期家庭变故导致的情感脆弱期；当模型根据历史数据将某生标记为"低尽责性"时，可能形成标签固化的自我实现预言。

技术公平性面临设备鸿沟的考验。可穿戴设备的缺失使低收入家庭生理数据难以采集，类似偏差在模型迭代中不断放大。更隐蔽的歧视源于算法黑箱。当系统发现某些学校学生的尽责性平均水平高于其他学校时，可能不自觉地推荐更具挑战性的学习路径，加剧教育资源的结构性不平等。

（5）向善而行：教育科技的伦理进路

破解困局需要构建技术、教育与伦理的三螺旋结构。当教育系统能够感知学生讨论量子物理时瞳孔的扩张，捕捉到解出难题时多巴胺的激增，理解其用诗歌注释数学定理的认知浪漫主义——这样的技术赋能才真正触及教育的本质。人格适配系统的终极目标不是制造完美适配算法的学习者，而是让技术成为照亮人性光辉的镜子。在这面镜子中，每个学生的思维独特性都被尊重，每个成长阶段的自我探索都被呵护，每个文化背景的生命叙事都被聆听。唯有如此，教育科技才能实现从"人工"智能到"人文"智能的跃迁，在数字文明的土壤中培育出自由而完整的灵魂。

5.3.3 人格导向教育的伦理边界与教师角色重构

当算法能够通过学生的点击流预测其尽责性水平，当脑电波数据被用于调整教学策略，传统教育中"因材施教"的理想似乎触手可及。但在这幅技术乌托邦的画卷下，暗流涌动的伦理危机与人性异化风险，将迫使我们必须重新划定教育的边界——不是阻止技术前进，而是确保其在人性的轨道上行驶。

想象一下，在一所中学的教室墙上，赫然挂着四色人格分类图：蓝色代表"思想者"，金色对应"组织者"，绿色象征"协作者"，橙色则指向"行动派"。这个本意是帮助学生理解自身特点的工具，但这会不会逐渐演变为隐性的阶层固化武器？橄榄球队长因被标记为"行动派"而失去文学选修资格，热衷物理实验的女生因"协作者"标签被强制加入过多小组项目。这种可能性揭示出人格导向教育的根本悖论：旨在解放个性的分类系统，可能成为限制发展的认知枷锁。

标签化的危险在于其自我实现的预言效应。当学生反复接收"你属于逻辑思维型"的反馈时，其大脑的神经可塑性会主动抑制艺术相关脑区的激活，尽管其初始评估可能仅是特定发展阶段的表现。更隐蔽的歧视来自文化误判，例如，国外华裔学生的集体主义倾向是否会被解读为"低外向性"，进而导致这些学生在领导力培养计划中持续被边缘化。技术可以描绘人格的轮廓，但教育真正的魔力，在于永远为那些突破标签的灵魂保留绽放的空间。

人格适配教育不是将学生塞入算法定义的"最优路径"，而是提供一面照亮其独特性格的镜子。当技术能够识别内向学生的沉思价值、神经质性群体的细节敏感度、开放性群体的跨界创造力时，教育才能真正实现从"筛选器"到"放大器"的转变。然而，这一愿景的实现需以严格的伦理监护为前提——唯有当每个学生的人格数据权利被尊重、每个教育者的专业判断被赋能、每个文化背景的多样性被包容时，个性化教育才能成为通往自由而非束缚的桥梁。

5.4 公共管理：人格特质驱动的政策传播与舆情治理

5.4.1 人格特质与政策接受度的关联模型构建

公共政策的社会化传播并非简单的信息扩散过程，而是公众认知图式与政策内容的多维耦合。当技术赋能使得政策制定者能够穿透人口统计学表象，直指人格特质这一心理底层变量时，公共管理即将进入新的纪元。人格特质对政策接受度的影响机制，既体现为信息传播路径的差异化选择，也反映在认知加工与情感反应的微观动力学中，更暗含社会心态演变的宏观规律。理解这种多尺度关联，成为优化政策传播效能、预防舆情危机的科学基础。

（1）外向性群体：社交网络的动能引擎与情绪共振体

高外向性人群在政策传播中扮演着双重角色。既是信息扩散的加速器,也是情感极化的催化剂。这类人群的社交媒体活跃度通常达到平均水平的 2~3 倍,其朋友圈层覆盖范围更广、异质性更强。当某项环保政策发布时,外向性用户可能在 24 小时内完成从接收政策原文到转发解读文章、发起讨论话题的全链条动作。但这种传播动能具有显著的情绪偏好——带有强烈情感标签的内容(如"家庭电费即将暴涨""空气净化工程让蓝天回归")转发率将远高于中性表述。这种情绪杠杆效应使得外向性群体成为政策舆论场的"摇摆放大器",其动向直接影响公共讨论的情感基调。

外向性群体在接触情绪化政策信息时,其大脑奖赏系统的激活强度与信息传播意愿呈正相关。这意味着他们本能地将政策讨论转化为社交资本积累游戏,通过观点表达获取社会认同。然而,外向性驱动的传播网络具有脆弱性。当政策争议进入白热化阶段,这类人群容易陷入"信息过载—认知简化—立场极化"的恶性循环。他们的转发行为逐渐脱离事实核查,转而依赖情感共鸣筛选信息,形成自我强化的传播回路。

(2)开放性群体:理性思辨的灯塔与认知裂变的策源地

高开放性群体是政策传播生态中的"思想策源地",其认知加工模式呈现独特的矛盾性。一方面,他们对政策文本的逻辑自洽性具有敏锐洞察力,能够识别政策目标与实施路径的隐性断裂;另一方面,开放性特质的批判性思维倾向,使其容易成为另类政策叙事的孵化器。当主流政策解释存在认知缺口时,他们可能构建颠覆性解读框架,例如"分级诊疗"的解读框架从"优化资源配置"转向"医疗资源阶层化",彻底改变了舆论场的讨论范式。

当政策复杂性超过个体认知负荷时,他们可能转向启发式决策,通过隐喻思维(如将税收政策类比为"经济血液循环")简化理解过程。这种认知策略虽提升了政策传播效率,却可能扭曲政策本意,催生意想不到的衍生议题。开放性群体的核心优势在于其知识整合能力。当政策制定者在早期传播阶段主动吸纳开放性群体的质疑,通过迭代修订政策解释框架,可使公众接受度提升。但若忽视这类群体的认知需求,其深度讨论可能演变为系统性信任危机的导火索。因此,政策传播系统需设计"开放性接口"——例如在政策白皮书之外,发布技术路线图、跨学科影响评估等配套材料,为批判性思辨提供结构化信息基础。

(3) 神经质性群体:风险感知的放大镜与信息茧房的编织者

高神经质性群体的政策响应模式呈现独特的"脆弱平衡"特征。他们对政策不确定性的耐受阈值较常人低,在信息模糊情境下容易触发"预防性对抗"行为。当政策文本出现"可能调整""视情况优化"等模糊表述时,神经质性群体的焦虑指数会随之快速上升。这种机制导致神经质性群体成为谣言传播的关键节点。当疫苗接种政策提及"极低概率不良反应"时,他们的信息搜索行为呈现病理性特征,例如反复比对不同信源的事故案例、在社交媒体超话中高频提问、持续关注边缘化讨论群组。可以想象,神经质性用户的谣言转发行为遵循"焦虑累积—信息窄化—群体极化"的三阶段路径。初期在健康论坛收集碎片信息,中期转入封闭社群强化风险认知,后期成为恐慌性传播的核心节点。这种动态过程使针对神经质性群体的政策沟通需要精准把握"认知窗口期"——在焦虑累积突破临界点前,通过权威信源的多模态介入(如专家视频答疑、可视化数据图谱)重建风险感知框架。

然而,传统政策传播手段往往加剧神经质性群体的认知困境。当政策解释采用"99%安全性"的宏观叙事时,其注意力会自动聚焦于1%风险,并在社交圈层内进行灾难化推演。这要求政策制定者超越简单的概率陈述,转向更具操作性的风险管理沟通策略。

(4) 关联模型构建:从微观认知到宏观舆情的跨尺度整合

人格特质与政策接受的关联建模需要突破传统线性思维的局限。基于复杂系统理论的新型模型将政策传播视为多主体交互网络,其中每个节点的行为规则由其人格特质参数决定。在虚拟舆情系统中,外向性群体构成信息扩散的"高速通道",开放性群体充当观点演化的"变异节点",神经质性群体则形成风险信号的"强化回路"。当某地拟推出垃圾焚烧厂建设计划时,模型可模拟不同传播策略的影响。若优先通过外向性群体传播技术安全认证信息,政策支持率在两周内达峰值;但若神经质性群体率先接触到邻避效应案例,反对声量将呈指数级增长。

该模型的创新价值在于揭示人格特质的非线性叠加效应。当开放性群体的批判性解读与外向性群体的情绪传播产生共振时,可能引发政策认知的"相变"。模型的实践应用需建立动态校准机制，通过实时接入社交媒体行为数据、政策问答平台交互日志等多源信息，系统可自动调整人格参数权重。例如当监测到神经质群体的焦虑指数突破阈值时，立即触发危机响应模块，即向该群体定向推送政策制定者的视频答疑，同时在外向性用户的信息流中增加理性讨论标签。这种智能适应能力使政策传播在保持公共叙事统一性的同时实现精准化干预。

（5）伦理约束与治理挑战

人格驱动模型的构建不可避免地触及敏感领域。当系统能够通过微博表情包使用频率推断用户的神经质性水平，或根据知乎回答的句法复杂度评估开放性得分时，技术赋能的背后是全景监控的隐忧。这要求政策传播系统建立严格的数据防火墙，将人格特质存储在独立加密模块，仅输出群体统计参数供策略参考。

此外，若模型训练数据过度依赖特定文化群体（如城市高学历人群），可能导致对农村或老年群体的人格误判。这要求模型开发必须融入文化人类学视角，建立多维度人格校准体系，例如为集体主义文化群体增设"社群依存度"参数。

基于人格特质的政策传播图景揭示了一个根本性悖论。技术越是精准描摹人性，越需要制度设计者保持对人性复杂性的敬畏。外向性群体的传播动能、开放性群体的思想锐度、神经质性群体的风险警觉，这些特质既是政策优化的阻力，也是社会治理的宝贵资源。未来的公共管理不应追求对人格特质的单向规训，而需构建"人格生态平衡"系统——通过动态适配传播策略，将不同特质转化为政策对话的建设性力量。当技术模型能够识别神经质性群体焦虑背后的安全诉求，将开放性群体的批判转化为政策迭代的智慧，构建外向性群体的社交能量导向共识时，人格科学才能真正成为治理的推进器，而非社会工程的操纵杆。

5.4.2 人格画像驱动的精准化政策传播策略

当算法能够解析公民的人格特质，将政策信息转化为适配不同心理模式的认知界面时，治理技术便进入了精细化的新次元。这种精准化传播策略既蕴含着提升治理效率的巨大潜能，也暗藏着消解公共理性的系统性风险。如何在技术赋能的迷宫中找到公共利益与个体尊严的平衡点，成为数字时代公共管理的重要命题。

（1）多模态人格识别

现代政务平台的交互痕迹构成了人格识别的全息图谱。当公民在政策咨询页面反复点击"养老保障"标签，在留言区用感叹号密集表达诉求，在听证会中无意识蹙眉，这些离散的数字碎片经由机器学习模型的拼合，逐渐显露出深层的心理轮廓。结合语言情感分析（如"必须""强烈要求"等绝对化词汇频率）、行为时序模式（如深夜访问政策页面的持续性）、视觉微表情识别（如瞳孔扩张对应的认知负荷变化），系统对尽责性、神经质性等人格维度的推断准确率将会远超传统问卷调查。

这种多模态融合技术可能重塑政策沟通的底层逻辑。想象一下，在新能源汽车推广政策制定中，系统通过分析市民在政务平台的互动数据，识别出三类关键人格群体：高开放性群体关注技术革新细节，高尽责性群体执着于补贴申领流程，高宜人性群体更在意环保效益的社会共鸣。基于此，政策传播可以被分解为三个并行通道：向开放性用户推送技术白皮书与专家访谈，为尽责性群体制作分步骤政策指南，向宜人性群体传播社区环保故事集。这种分众传播策略将有机会显著提高政策知晓率。

但多模态数据的采集也必然会引发深层伦理争议。当政务平台的人脸识别系统持续捕捉市民的面部表情，当智能手环的生理数据被用于推断政策焦虑水平，技术的触角已延伸至生物隐私的禁区。

（2）动态内容生成

当 AI 系统识别出某用户具有高尽责性特质时，其接收到的政策文件将自动嵌入时间进度表、责任主体清单与量化评估指标；而宜人性主导的市民则会看到政策受益者的真实故事，以及社区参与式决策的邀请链接。这种动态内容生成技术将会消解传统政策文本的刚性结构，将其重构为适配不同认知偏好的信息生态系统。

这种智能适配机制的核心在于语义网络的柔性重构。自然语言处理模型将政策文本分解为可组合的知识单元，包括技术参数、民生影响、执行流程、伦理考量等模块。当系统检测到用户具有高开放性特征时，自动强化技术参数与伦理考量的关联分析,生成跨学科解读框架;面对尽责性群体,则突出执行流程的时间节点与责任矩阵。

然而,算法的叙事权力也带来认知窄化风险。当系统持续为高神经质性用户过滤政策不确定性信息,或为外向性群体强化情感化表达时,可能制造出多个平行的事实版本,导致社会共识基础的结构性裂解。这要求动态生成系统建立"核心事实锚点"——所有适配版本必须包含经立法机构认证的政策基础文本,差异仅存在于解释框架与呈现形式。

(3)社交网络靶向:在关系链中播种政策共识

外向性人群的社交网络拓扑结构具有独特的传播动力学价值。这类人群的平均社交节点数高于其他用户,且占据更多结构洞位置(连接不同社群的关键桥梁)。系统通过识别这些"天然传播者",将政策信息包装为社交货币,例如设计"绿色生活达人"认证徽章,激励外向性用户主动分享政策解读。这种策略能够提高政策信息在目标社群的渗透速度,且二次创作内容(如短视频改编、表情包衍生)的生成量也将超过传统传播方式。

更精密的干预发生在社群关系链的微观层面。当系统识别某社群中的高影响力节点用户(基于社交图谱的中心性分析),可以优先向其推送定制化政策工具包。例如在垃圾分类政策传播中,系统为该社群的关键意见领袖(KOL)提供可视化教学素材,如家庭分类实景指南,并设计互动挑战活动,如"21天垃圾分类打卡"。但此类精准投放也引发"信息操纵"质疑——当政策制定者能够预判并利用特定社群的传播规律时,公共讨论的开放性是否被隐性侵蚀?

(4)精准触达与信息公平性之间的伦理困境

精准化传播存在一个致命悖论:技术越能精确识别心理弱点,越可能沦为认知操纵的工具。此外,数据偏见问题同样不容忽视。当人格识别模型过度依赖社媒用户行为数据时,对社交网络边缘群体的特质判断可能严重失真。

应对这些挑战需要构建多层治理体系。在数据采集阶段,采用"最小必要+动态授权"原则:公民可自主选择开放哪些行为数据用于人格推断,并随时调整授权范围。例如,将数据分为基础级(仅分析文本留言)、进阶级(增加行为数据)、全息级(包含生物特征),公民可根据隐私偏好自由切换。

算法透明度机制的创新同样关键。用户可以查看为何被归入某类人格群体、接收特定版本政策解读的原因。系统同时引入"认知矫正通道"——当用户发现传播内容存在偏差时，可触发人工复核流程，其反馈将直接用于模型优化。这种双向适应机制能够降低算法误判率。

在伦理审查层面，建立跨学科动态评估委员会至关重要。由心理学家、法律学者、社会学家组成的监督机构，需定期审查人格模型的群体影响效应。

当政策传播系统能够预判公民的情感共振频率，这种技术能力必须被约束在轨道之内——精准化不应等同于操控，适配性不能异化为驯化。未来的治理智慧，在于让人格科学成为增进社会理解的显微镜，而非制造认知囚笼的镣铐。唯有当每个政策传播策略都经得起"无知之幕"的检验，即公民不知道自己的人格分类时仍认为传播方式公平，技术赋能才能真正服务于公共善治。

5.4.3 人格特质在危机舆情治理中的双刃剑效应

危机舆情的治理如同在风暴中掌舵，既要借助风势快速抵达安全港，又需警惕狂风将船只推向暗礁。当算法能够识别高神经质性群体的焦虑共振频率，或捕捉开放性群体的认知裂变轨迹时，危机管理便获得了前所未有的主动权。但这种技术赋权也悄然重塑着社会信任的根基——当"精准干预"与"认知操控"的界限日渐模糊，治理者必须在效率追求与伦理底线之间找到新的平衡点。

（1）正向应用：人格特质作为危机缓冲器

高神经质性群体在危机事件中往往扮演着"社会脆弱性传感器"的角色。他们的信息搜索行为呈现独有的特征，例如在突发公共卫生事件中，这类人群的社交媒体活动量可能在事件曝光后的短时间内激增，其关键词搜索频率远高于普通群体，且倾向于反复核验同一信息源的可信度。若在危机爆发初期优先向此类群体推送权威解读（如精简版新闻发布会要点、可视化数据图谱），可降低其焦虑指数和谣言转发率。当个体获得明确的风险控制框架（如防疫措施的阶段化流程图），恐慌情绪的扩散可以被有效抑制。

开放性群体的知识整合能力则为极端化舆情提供了"解毒剂"。在气候政策议题下，当社交媒体充斥"政策扼杀经济"与"漠视生态灾难"的极化言论时，高开放性用户倾向于收集多学科研究报告，在讨论中引入技术、伦理与经济的交叉分析。通过邀请这些用户担任"理性对话协调员"，并为其提供政策制定的原始数据包，舆情焦点将有可能逐渐从立场对抗转向方案优化，将情绪化表述重新编码为问题解决导向的认知框架，使极端观点占比降低的同时催生建设性改良提案。

(2) 风险挑战：技术放大的社会断层线

当危机治理系统过度依赖历史数据时，算法偏见可能将弱势群体推向更深的困境。人格模型存在一种隐性暴力：当技术系统将社会经济地位与心理特征捆绑解读时，结构性不公可能被转化为个体心理问题的标签，形成"数字种姓制度"。

政治领域的工具化滥用会触及民主根基。例如在选举中，竞选团队可能通过分析选民的人格特质数据，向外向性群体推送情绪激昂的集会视频，向尽责性群体发送详尽的政策清单，对高神经质性选民则强调竞争对手的政策风险。这种"人格定制化宣传"本质上是用心理学武器解构选民的理性判断能力，将民主协商降格为条件反射式的"刺激—响应"游戏。更危险的是，当这种技术被用于放大社会分裂（如向特定人格群体推送对立阵营的极端言论），可能引发群体认同的割裂。

(3) 治理创新：在技术迷宫中设置道德路标

在数字化浪潮席卷全球的当下，技术应用已深度嵌入公共治理的毛细血管，尤其是涉及人格特质分析的技术工具正以隐秘的方式重塑社会权力结构。当算法能够通过社交媒体痕迹解析公民的心理特质，当公共危机沟通策略依托大数据画像实现精准推送，技术治理的伦理边界便成为悬在人类文明之上的"达摩克利斯之剑"。这种技术赋能的治理范式在提升效率的同时，也潜藏着消解主体性、固化社会偏见的系统性风险。构建多层制衡的治理架构不仅关乎技术伦理的底线守卫，更是维系数字时代社会契约存续的必然选择。

技术透明度的构建需突破传统的单向信息披露模式，转而建立三维立体的参数公开体系。在基础参数层面，人格模型的版本迭代记录应如同药物说明书般清晰可溯，包含训练数据的时间跨度、文化覆盖范围及特征工程的筛选标准。这种透明度不是简单的技术文档开放，而是将算法决策的黑箱转化为可公共辩论的认知界面，让每个受影响的个体都能在知识对等的基座上参与治理对话。

影响评估机制的革新需要引入动态化的伦理审查模型。传统的事后追责机制在应对实时演进的算法系统时已显乏力，取而代之的应是贯穿技术生命周期的监测网络。当特定群体因文化表达方式的算法误读而遭受信息屏蔽时，系统需自动触发跨学科评估流程——由数据科学家解析特征提取偏差，心理学家评估认知伤害程度，人类学家追溯文化符号的语义流失轨迹。这种多模态评估不应局限于技术参数的修正，更应推动治理逻辑的范式转换，即从追求绝对精准的预测模型转向包容文化多样性的弹性框架。例如在灾后心理干预中，算法推送既要避免将特定族群的创伤反应病理化，也要警惕将复杂情感简化为可计算的危机指标。

矫正机制的设计须突破技术中心主义的窠臼，构建人本导向的复合救济体系。申诉渠道的物理存在只是形式正义的起点，真正的矫正效力源自对技术伤害的实质性修复。当个体因人格画像偏差遭遇社会排斥时，系统不仅需要提供重新评估的路径，更应建立算法影响的可逆机制——如同医学领域的过敏原检测，通过微型实验逐步识别引发误判的特征组合，进而实现模型参数的免疫调节。这种矫正不应停留于个案救济层面，而应形成知识反哺的闭环，即每个申诉案例都转化为优化训练集的文化样本，使算法系统在持续学习中增强文化感知的细腻度。

多方共治的格局塑造需要解构技术权威的垄断地位。由技术企业、政府机构、学术共同体及公民代表组成的治理联盟，应在三个维度形成制衡：一是在认知维度建立跨学科的知识转译机制，将文化人类学的深度洞察转化为可操作的算法约束条件；二是在权力维度设置交叉否决权，确保任何单一利益集团无法主导治理规则的制定；三是在实践维度搭建沙盒化的实验空间，允许不同文化群体在受控环境中测试治理方案的有效性。这种共治模式在应对突发公共危机时尤为重要——当紧急状态下的人格特质分析需求剧增，多方制衡机制能防止技术应用滑向监控主义的深渊。

技术治理的演进方向应锚定于主体性重建的价值坐标。在公共危机沟通中采用人格分析技术时，需在界面设计层面保留人性化冗余。为算法无法解析的文化表达设置缓冲地带，为拒绝数据化的人格维度保留神圣空间。这种技术谦逊主义的确立，有赖于在治理架构中嵌入文化多样性的保护程序。这种设计哲学的背后，是对哈贝马斯交往行为理论的数字化转译，即在技术系统中重构主体间性的对话空间，使工具理性与价值理性在数字公共领域达成动态平衡。

此外，不同文化语境下的人格特质分析标准需要在全球层面建立互操作性框架，这要求突破西方中心主义的技术认知范式。通过建立数字治理的"文化语法库"，将集体主义文化的关系网络分析、高语境文化的隐喻解析等本土化知识编码为可共享的算法模块。在跨境公共危机事件中，这种协同框架能确保预警信息既符合目标群体的文化认知模式，又避免因算法偏见导致的地缘政治误判。更重要的是，它为技术后发国家提供了参与规则制定的通道，使全球治理架构真正反映文明多样性的光谱。

在这场重塑技术治理范式的深刻变革中，制衡架构的每个支点都在重新定义人与技术的共生边界。从参数透明到影响评估，从矫正机制到全球协同，多层治理体系的核心使命是防止技术理性异化为新的压迫工具。当公共危机沟通中的每个算法决策都能追溯其文化假设，当人格特质分析的每个应用场景都留有主体性抗争的富裕空间，技术才能真正成为照亮人类文明前路的火炬，而非禁锢自由意志的数字化牢笼。

（4）未来图景：人格科学的治理辩证法

危机舆情治理的终极目标不应是消灭社会冲突，而是将其转化为制度优化的动力。新一代危机治理模型应当尝试将"社会凝聚力指数"设为核心优化目标，而不仅是舆情热度控制。系统应优先保障不同人格群体的信息对称性：既向高神经质性群体开放风险监测实时数据，也为开放性群体建立政策建议直通渠道，同时通过外向性群体传播对话成果。这种均衡策略使事件最终转化为治理的全民参与运动，而非单纯的风险管控操作。

人格特质分析技术赋予危机治理者"社会认知显微镜"，但真正的治理智慧在于懂得何时调焦、何时移开镜头。当系统能够识别高神经质性群体的焦虑波长时，不应止步于信息精准投放，更需反思何种制度缺陷放大了他们的脆弱性；当算法捕捉到开放性群体的批判能量时，不能仅满足于舆情降温，而应将其转化为制度创新的火种。技术或许能预测风暴的轨迹，但只有人性的温度才能决定人类最终抵达的是避风港还是新大陆。在这条航线上，每个心理特征数据点都应是理解社会复杂性的路标，而非简化人性的刻度尺。

第 6 章

伦理与技术的博弈

6.1 算法偏见：人格识别中的文化敏感性

6.1.1 核心概念解读

（1）算法偏见

算法偏见作为技术伦理研究的关键概念，其内涵早已超越统计学意义上的数据偏差。从操作化定义层面，可将其视为技术系统在决策过程中系统性偏离公平准则的现象，这种偏离既可能源自训练数据的结构性缺陷，也可能根植于算法设计者对文化价值预设的无意识内化。在人格识别领域，偏见的形成往往始于数据采集阶段的文化代表性缺失。例如，当社交媒体行为数据的采集过度依赖特定语言社群或地域用户时，算法所建构的人格模型必然携带该群体的文化认知框架，这种框架在跨文化应用中将转化为对异质文化的误读。更深一层，这种数据偏差本质上是社会权力关系的技术再现——掌握数据生产能力的优势文化群体，通过算法参数的设置将其文化规范确立为"普适标准"，而边缘文化群体的行为模式则被降格为需要修正的"异常值"。

这种权力关系的技术具象化过程，可通过知识社会学的视角得到进一步阐释。算法开发者所依赖的人格理论体系，本质上是对特定历史文化情境中人类行为的抽象化总结。当西方心理学量表被直接转化为机器学习模型的标注标准时，其中隐含的个人主义价值观便通过特征工程被编码为技术真理。在此过程中，集体主义文化中基于关系网络的人格表达方式，往往因不符合预设的个体中心分析框架而被系统性地忽视。这种认知暴力并非源于技术本身的缺陷，而是反映了全球知识生产体系中长期存在的"中心—边缘"结构。

（2）文化敏感性的双重维度

文化敏感性在人格识别系统中的实现，面临着数据标注与算法输出的双重挑战。在数据标注层面，文化语境对行为意义的建构具有决定性作用。同一社交媒体行为在不同文化中的解释可能呈现根本性差异，例如某个群体中象征开放性的自我表露行为，在另一文化中可能被解读为破坏群体和谐的越轨举动。这种语义的流动性使静态的人格标签体系难以适应多元文化现实，特别是在处理非西方用户生成内容时，西方中心主义的标注框架往往导致文化特有表达方式的误分类。例如，某些文化中通过间接隐喻表达情感的语言模式，在基于直接语义分析的算法中极易被误判为情绪模糊或人格矛盾。

在算法输出层面，文化敏感性体现为技术系统对多元价值观的兼容能力。当算法将特定文化的人格理想确立为普适优化目标时，实质上构成了技术驱动的文化同质化进程。以职业倾向预测为例，若算法将个人成就动机作为核心正向指标，就可能系统性低估重视集体福祉的文化群体中个体的领导潜能。这种价值评判的单一性不仅造成技术歧视，更深层次地动摇了文化多样性的存在基础。

这两个维度间的张力揭示了人格识别技术的根本困境：数据标注需要确立相对稳定的文化解释框架以保证模型可训练性，而算法输出又必须保持足够的文化弹性以适应价值多元性。当前的技术路径往往通过建立细分文化模型来调和这组矛盾，但这种解决方案可能陷入文化本质主义的窠臼——将动态变迁的文化实践固化为可计算的刻板特征，反而强化了算法对文化复杂性的简化倾向。

（3）关键矛盾点的深层分析

普适性技术逻辑与地方性文化实践之间的矛盾，在人格特质识别中表现得尤为尖锐。以"外向性"这一常见人格维度为例,在个人主义文化主导的评估体系中,该特质通常与社交活跃度、自我表达频率等可直接观测的行为指标高度关联。算法通过分析用户在社交媒体上的互动频次、话题参与广度等数据,即可生成外向性评分。但这种技术逻辑移植到强调群体和谐的集体主义文化中时,其解释效度就会出现显著偏差。在这些文化语境中,个体可能通过维持稳定的亲密圈层而非广泛社交来展现外向特质,或是将自我表达转化为对群体叙事的创造性贡献。

这种测量偏差不仅导致个体人格评估的失真,更在宏观层面影响着技术系统的文化正当性。当算法将某种文化特有的人格表达方式确立为基准规范时,实际上是在进行隐蔽的文化赋权——符合该规范的行为获得更高的算法可见性,而异质文化表达则被逐渐边缘化。这种技术强化下的文化权力失衡,在社交媒体平台的内容推荐机制中形成自我实现的预言。优势文化用户因行为模式契合算法偏好而获得更多传播资源,其文化特征进一步被算法识别为"理想人格"的体现,最终形成排斥多元文化的技术闭环。

该矛盾的激化源于技术理性与文化实践在认识论层面的根本差异。算法模型追求可量化、可泛化的规律提取,而文化实践的本质在于其情境依赖性和意义流动性。当技术系统试图用离散的参数集合来捕捉连续变化的文化光谱时,必然产生简化论与还原论的操作暴力。这种暴力在跨文化场景中尤为危险,因为它往往被包裹在技术客观性的修辞之下,使文化压制过程呈现价值中立的假象。当前关于算法公平性的讨论多集中于技术参数的调整优化,却较少触及这种认识论冲突的解决,这正是文化敏感性难以真正融入人格识别系统的深层障碍。

(4)理论视角的再审视

从技术哲学的角度观察,算法偏见与文化敏感性的矛盾实质上反映了工具理性与价值理性的永恒博弈。如果在构建人格识别系统时将文化因素视为需要克服的技术干扰项,试图通过更精确的数据清洗和特征工程来消除其影响,这种思路将文化简化为可被技术手段剥离的干扰变量,忽视了文化作为意义生成系统的本体论地位。事实上,人格表达从来都不是脱离文化语境的纯粹心理现象,而是个体与社会意义网络持续互动的产物。任何试图将人格识别"去文化化"的技术努力,本质上都是对人性复杂性的暴力裁剪。

后殖民理论为此问题提供了更具批判性的分析框架。主流人格识别技术中隐含的西方认知范式,可视为殖民时代知识权力结构的当代延续。当非西方用户的人格特质必须通过殖民者后裔设计的算法透镜才能获得技术可见性时,这种认知不平等实质上生产了历史上的文化从属关系。某些技术团队倡导的"文化适配"方案,往往只是在既有模型中添加地域特征参数,未能触及西方中心主义认知框架的根本重构。这种表面化的文化兼容,反而可能为技术殖民主义披上更具迷惑性的合理化外衣。

或许可以借鉴"文化厚描"理论,将人格识别从特征分类的维度转向意义阐释的维度。这意味着算法不仅需要识别用户的行为模式,更要理解这些行为在具体文化情境中的象征意义。实现这种转变需要重新构想技术系统的认识论基础,即从追求普适规律的"解释性模型"转向注重情境理解的"阐释性模型",从数据驱动的归纳逻辑转向文化与技术共构的对话逻辑。尽管这种范式转型面临巨大技术挑战,但唯有如此,人格识别技术才能真正成为跨文化理解的桥梁而非文化霸权的帮凶。

6.1.2 偏见生成机制的多层级解构

(1)数据层的结构性缺陷

社交媒体语料库的地域覆盖偏差构成了算法偏见生成的原始土壤。在数据采集的初始阶段,技术基础设施的分布不均已悄然划定文化表达的数字化边界。那些网络普及率高、数字素养强的地区用户,其行为数据如同洪流般涌入模型训练池,而技术欠发达区域的数字足迹则如同细流,在数据聚合过程中逐渐蒸发。这种地理维度的数据失衡不仅造成语言多样性的衰减,更导致文化表达方式的系统性扭曲。当某种主导语言的用户行为数据占据语料库绝对优势时,算法在语义解析层面就会自然建构起以该语言文化为基准的认知框架,使边缘语言中的文化特有表达沦为统计学意义上的噪声。

这种数据采集的地理偏向性,本质上反映了数字资本主义时代的权力拓扑结构。掌握数据采集入口的科技平台，往往将资源集中投放于具有更高商业价值的核心市场区域，而那些尚未充分开发的文化区域则被置于数据采集的盲区。更为隐蔽的是，即便在数据覆盖的地理范围内，文化社群的数字参与度差异仍在持续制造新的偏见源。某些文化群体因历史传统或社会规范对隐私保护更为敏感，其社交媒体行为的自我审查机制导致数据生成量显著低于其他群体。这种自发性的数据沉默，在算法视角下却被误读为该群体行为特征的"低信息量"，进而触发模型对其文化表达方式的降权处理。

（2）特征工程的文化转译困境

当原始数据进入特征工程阶段，文化隐喻的误译便成为偏见增殖的关键节点。特征提取本质上是对人类行为的符号化抽象，这个过程必然伴随着文化意义的流失与重构。以某些文化中表达人生态度的特定词汇为例，其语义场域涵盖哲学传统、社会关系、历史记忆等多重维度，但在特征工程中往往被简化为单维度的心理特质标签。这种粗暴的符号转换不仅抹杀了文化概念的丰富内涵，更在算法维度建立起错误的意义映射关系。当算法将某个文化特有的隐喻表达强行归类至预设的心理特征维度时，就形成了跨文化认知的"短路"现象。

这种文化转译的失真在情感分析领域尤为显著。某些语言中通过自然景象隐喻传递情感的模式，在基于词典的情感分析模型中可能被完全忽略；而依赖直接情感词汇的文化表达方式则更容易获得算法的高置信度识别。这种特征提取的文化偏向性，导致人格识别系统对不同文化群体建立起差异化的可信度阈值。更危险的是，当这种偏差被包装成技术客观性的体现时，算法实际上在知识生产层面完成了文化等级的隐蔽建构——那些易于被现有特征体系解码的文化表达被赋予更高的认知合法性，而复杂文化隐喻则被贬为需要技术矫正的"非标准输入"。

（3）算法层的认知殖民风险

在模型构建层面，基于特定文化心理学量表的迁移学习策略，正在全球范围内实施着静默的认知殖民。主流人格识别算法依赖的心理模型，本质上是将特定文化情境中的人格理论进行数学化封装的过程。当这些模型通过迁移学习被部署到异质文化环境时，其隐含的文化预设便转化为技术标准，对其他文化中的人格表达实施符号暴力。

这种认知殖民的完成机制具有双重技术路径：在模型层面，通过损失函数的设计将优势文化的人格特质确立为优化目标；在评估层面，使用文化特定的验证集作为模型效度的终极判据。这种技术闭环使边缘文化的人格表达始终处于被审视、被改造的客体位置。更值得警惕的是，当前流行的模型微调策略往往只在表层参数进行调整，未能触及基础架构中的文化预设。这种改良主义的技术路线，实际上巩固了原有认知框架的统治地位，使得文化适应性沦为技术系统可有可无的装饰性功能。

(4) 反馈循环的偏见放大效应

推荐系统的反馈循环机制，将前述层级的静态偏见转化为动态强化的文化规训工具。当算法基于有偏见的人格识别结果进行内容推荐时，实际上是在为用户建构经过算法认证的"文化正当行为"模板。那些符合算法预期的文化表达因获得更高可见性而激发更多效仿行为，形成数据层面的"优势文化再生产"。与此同时，用户为获得算法奖励而进行的自我行为调适，又反向生成新的训练数据，使模型进一步确信其偏见模式的正确性。这种闭环反馈不仅导致文化刻板印象的技术固化，更在认知层面重塑着用户的文化身份认同。

在某些垂直领域，这种反馈循环已演变为文化异化的加速器。当美妆推荐算法持续强化特定审美标准时，实质是在技术维度确立美的文化霸权。那些与算法审美范式存在偏差的文化特征，不仅在推荐系统中逐渐失声，更在用户群体中引发普遍性的认知焦虑。这种技术驱动的文化同质化进程，最终导致数字空间中文化多样性的持续贫瘠化。更深远的影响在于，算法反馈循环正在改变文化演化的自然路径——本应通过代际对话缓慢变迁的文化实践，如今被迫进入算法主导的剧烈变革轨道，传统知识体系与技术系统的解释权争夺日趋白热化。

(5) 系统动力学的综合视角

将各层级的偏见生成机制置于系统动力学框架下观察，可以发现技术系统的文化不敏感性具有自我强化的正反馈特征。数据层的覆盖偏差导致特征工程的文化转译失真，失真的特征体系催生有偏见的算法模型，模型输出又通过推荐系统重塑用户行为数据，最终形成不断收紧的技术文化闭环。这个过程中每个层级的偏差都非孤立存在，而是在系统交互中产生乘数效应。例如，特征工程对某文化隐喻的误译，经过算法模型的抽象放大，最终在反馈循环中可能演变为对整个群体的人格特质误判。

这种系统性偏见的顽固性，源于当前技术范式的双重认知缺陷：在空间维度上，将文化差异简化为可参数化的地域变量；在时间维度上，忽视文化实践的动态演化特性。主流解决方案试图通过增加文化维度参数来提升模型适配性，但这种线性思维难以应对文化要素间的非线性相互作用。当算法将文化视为静止的特征集合时，实际上否定了文化作为活态系统的本质属性。这种技术还原主义与文化整体论的根本冲突，正是偏见生成机制难以根除的深层原因。

（6）技术批判的理论重构

从后殖民技术研究的视角审视，多层级的偏见生成机制实质上是数字时代文化霸权的技术具象。数据采集的地理偏向延续着殖民时期的资源掠夺逻辑，特征工程的符号暴力对应着文化解释权的争夺，算法模型的认知殖民再现着知识生产体系的不平等，而反馈循环则扮演着数字规训的新型治理术。这种系统性的文化压制之所以具有隐蔽性，是因为它被封装在技术客观性的修辞之中——算法决策的数字外衣掩盖了其内在的文化政治属性。

突破这种困境需要从根本上重构技术系统的文化认知框架。这要求开发者在数据采集阶段引入文化伦理评估，在特征工程阶段建立跨学科的文化转译机制，在算法设计阶段摒弃普适主义的技术傲慢，在系统部署阶段建立持续性的文化影响评估。更为关键的是，必须承认技术系统始终是特定文化情境的产物，所谓"文化中立"的技术不过是优势文化的隐身衣。唯有将文化敏感性提升为技术系统的核心架构原则，而非事后补救的附加功能，才能真正遏制偏见的多层级生成。

6.1.3 技术治理的创新路径

（1）跨学科算法审计框架的建构

传统技术治理范式在应对文化敏感性议题时，往往陷入工具理性主导的改良主义困境。将人类学思维范式引入算法审计框架，本质上是对技术治理认识论基础的革命性重构。这种跨学科路径要求算法可解释性设计突破单纯的特征重要性分析，转而建立文化维度与模型决策的映射解释体系。当人类学家与数据科学家共同解析特征重要性排序时，技术系统得以识别那些隐藏在数据背后的文化认知模式——例如某些被算法视为噪声的周期性行为波动，可能对应着特定文化的时间感知体系；而被模型判定为低价值的长尾特征，或许承载着边缘文化的核心表达方式。

这种文化感知型审计框架的运作机制包含三个相互关联的层次：在符号层，需要建立文化概念与技术特征的动态对照表，使隐喻性表达获得算法可识别的语义锚点；在关系层，必须重构特征关联网络的文化解释模型，揭示不同文化中行为特征的意义联结差异；在价值层，则要发展出文化伦理影响评估矩阵，将算法决策对文化多样性的潜在影响量化为可监控的治理指标。这种三维审计体系不仅能够识别显性的文化误判，更能捕捉到技术系统对文化演化的隐性干预，例如算法推荐如何微妙改变特定文化符号的价值权重。

实现这种深度审计的关键在于发展文化可解释性标记语言，该技术标准需要融合文化人类学的厚描理论与机器学习的特征归因方法。通过为每个文化敏感特征附加多层语义注解，使算法决策链中的文化传导机制变得可视且可辩论。当某个用户被归类为特定人格类型时，系统不仅展示影响分类的关键行为特征，同时揭示这些特征在不同文化情境中的可能产生的理解差异。这种透明化机制将技术系统的文化立场从黑箱状态推向可争议的公共领域，为多元文化价值观的算法协商创造空间。

（2）动态文化适应机制的技术实现

静态的文化适配方案在应对流动的文化实践时，往往表现出严重的理论滞后性。基于文化情境元数据的多模态融合模型，试图通过建立技术系统的动态感知—响应机制来突破这一局限。该模型的核心创新在于将文化情境解构为可量化的时空变量网络：地理维度不仅包含物理位置信息，更整合了该区域的文化记忆密度与创新活跃度指标；语言维度超越单纯的语种识别，转而分析语义网络的跨文化转译可能性；时间维度则同步追踪文化周期律动（如传统节日的现代化转型）与突发性文化震荡（如社会运动引发的价值变迁）。

这种多维元数据体系的构建，需要解决文化复杂系统的三个基本矛盾：文化要素的稳定性与流变性之间的矛盾，文化表达的个体差异性与群体共识性之间的矛盾，以及文化影响的即时效应与长期积淀之间的矛盾。为此，模型架构采用分形神经网络设计，在宏观层面维持文化原型的核心特征，在微观层面允许情境参数的动态调适。例如在处理跨文化沟通场景时，模型首先锚定对话双方的文化原型特征，再根据实时交互中涌现的情境元数据（如隐喻使用密度、话题转换模式）动态调整人格识别策略。这种弹性认知框架使技术系统能够兼顾文化传统的延续性与当代实践的创新性。

时间敏感度调节机制的实现，依赖于文化演化的相位探测技术。通过分析社交媒体数据的文化标记物波动频率（如传统符号使用率、文化混合表达增长率），模型可以识别特定文化群体所处的变迁阶段——是处于价值体系的稳定延续期、渐进调适期还是剧烈转型期。这种相位判断直接影响算法对文化敏感特征的权重分配。在稳定期强调文化原型的保护性识别，在转型期则增加文化创新表达的宽容度。更精妙的调节机制体现在文化节律同步化设计，使算法的时间感知与特定文化群体的集体记忆周期产生共鸣。例如在文化纪念日周期内，算法会自动提高相关文化隐喻的识别敏感度，同时暂时放宽对非常规表达方式的判定阈值。

（3）知识生产体系的重构挑战

上述创新路径的实施，本质上是对传统技术知识生产体系的挑战。在技术研发阶段，需要建立人类学家全程介入的协同创造模式，而非现有的咨询式参与。这意味着文化理论不再作为技术开发的事后解释框架，而应成为模型架构的原生设计维度。以人格识别系统的特征提取层为例，每个卷积核的设计都需要经过文化解释效度验证——不仅评估其模式识别能力，更要检验其与文化认知范式的兼容性。这种深度协同要求打破了学科间的符号权力壁垒，在数学建模语言与文化阐释话语之间建立双向转译通道。

在技术应用层面，动态文化适应机制将引发评估范式的变革。传统模型性能评估依赖的准确率、召回率等指标，在文化敏感性维度暴露出严重缺陷。新的评估体系需要引入文化解释覆盖率、文化干扰鲁棒性、文化创新支持度三维指标。其中文化解释覆盖率衡量模型对多元文化表达的理解广度，文化干扰鲁棒性测试系统在文化混合场景中的判断稳定性，文化创新支持度则评估技术系统对新兴文化实践的识别与促进能力。这种评估转型不仅改变技术优化的方向，更重塑了整个行业对"技术先进性"的价值认知。

更深层的挑战在于技术治理权力的重新分配。当算法审计框架赋予文化解释共同体实质性的治理参与权时，必然冲击现有技术精英主导的决策体系。这种权力重构需要建立新型的责任共担机制：技术团队负责保证系统的数学严谨性，人类学家确保文化解释的正当性，而文化实践者则拥有算法偏见的最终裁决权。这种三元制衡机制的有效运转，依赖于区块链支持的文化影响溯源系统——每个算法决策的文化推理路径都被永久记录并开放验证，使得技术系统的文化立场始终处于可追溯、可质疑、可修正的状态。

（4）批判性张力中的演进方向

在推进这些创新路径时，必须清醒认识到技术治理的文化悖论，即追求文化适应性的努力本身可能成为新的文化霸权工具。当动态适应机制通过海量数据捕捉文化变迁轨迹时，技术系统实质上获得了定义文化合法性的隐性权力——那些被算法识别为"主流"的文化实践将获得更多技术支持，而未被数据化的文化表达则面临加速边缘化的风险。这种技术强化下的文化可见性差异，可能制造出比显性偏见更隐蔽的文化压制形式。

解决这一悖论需要为技术系统注入文化自反性能力，即系统能够持续监控并修正自身文化认知框架的局限性。这要求在模型架构中增设文化元认知模块，该模块独立于主模型运行，专门分析主模型文化假设的时效性与覆盖度。当检测到某文化群体的特征识别准确率持续下降时，元认知模块会触发文化框架重构流程，组织跨学科团队重新评估该群体的文化解释模型。这种自反性机制将文化适应性从被动的参数调优，升级为主动的认知框架进化。

未来技术治理的核心命题在于如何平衡文化保护的完整性需求与技术创新的突破性冲动。或许需要借鉴生态学中的边缘效应理论，在技术系统中刻意保留文化交互的模糊地带——那些难以被清晰分类的文化混合表达，不应被视为需要消除的噪声，而应被作为文化创新的"苗床"加以保护。通过设置算法不可触达的文化缓冲区，为人类文化实践的自主演化保留必要的自由空间。这种技术谦逊主义取向，或许能为数字时代的技术文化共生提供新的可能性。

6.1.4　技术乌托邦：文化敏感性能否完全转化为可计算变量

（1）技术决定论的认知陷阱

技术乌托邦主义的核心假设建立在技术工具理性的无限延伸性之上。这种思维范式将文化视为有待解码的信息集合，认为只要数据采集足够全面、算法设计足够精巧，人类文化实践的复杂光谱终将被转化为可计算、可预测的变量矩阵。然而，这种认知框架本质上是笛卡尔式主客二分法的当代延伸——它将文化设定为被动等待技术解析的客体对象，而忽视了文化作为主体间意义生成系统的自反性特质。当技术系统试图通过特征工程捕捉文化敏感性时，实际上是在进行一场注定失真的符号化运动，即活态的文化实践被降维成静态的数据点，流动的意义网络被简化为离散的参数关系。

文化敏感性难以完全量化的根本障碍，源于文化实践的本体论特征。首先，文化意义的生成具有不可分割的情境依赖性。同一行为符号在不同时空语境中可能承载截然相反的文化意涵，这种语义的流动性使得任何试图建立恒定特征映射关系的努力都面临解释效度的持续衰减。例如，某种仪式性沉默在传统文化中可能象征深思熟虑的智慧，而在现代社交媒体语境中可能被算法误判为社交回避倾向。其次，文化价值的评判标准本身处于动态演化之中，其变化速率与方向往往受到技术系统的反向塑造。当算法通过推荐系统强化某些文化表达形式时，实际上正在干预文化演化的自然进程，使文化敏感性成为技术干预下的建构物而非客观测量对象。

更深层的矛盾在于文化认知的具身性特征。人类对文化意义的理解依赖于共享的生活经验与身体实践，这种认知方式与算法基于统计规律的符号推演存在本质差异。以文化禁忌的识别为例，人类通过代际传递的集体记忆与情感共鸣形成认知边界，而算法只能通过行为数据的异常值检测来推测禁忌存在。这种认知路径的差异导致技术系统在文化敏感性判断中始终面临"解释鸿沟"——即便能够准确预测文化群体的行为模式，也无法真正理解这些行为背后的意义网络。当技术乌托邦主义者宣称算法已实现文化敏感性的量化时，实际上混淆了相关性识别与意义理解的根本区别。

（2）技术模型的简化暴力

现有技术框架对文化敏感性的计算化尝试，暴露出现代科学范式在处理复杂系统时的固有局限。主流算法模型建立在可分离性假设之上，认为文化要素可以分解为独立变量进行分析与重组。这种还原论思维在应对文化系统的涌现性特征时显得力不从心——当个体文化行为聚合为群体文化现象时，会产生无法追溯至单个要素的新质特征。例如，某个文化群体在社交媒体上形成的独特沟通风格，并非个体行为特征的简单叠加，而是群体历史记忆、现实处境与技术平台特性共同作用的涌现结果。算法模型试图通过用户画像的聚类分析来捕捉这种文化风格，却始终困在"见树不见林"的认知困境中。

这种简化暴力在特征空间的建构过程中不断自我强化。为了满足模型的可计算性要求，算法开发者不得不对文化要素进行二值化处理，即将连续的文化光谱切割为离散的类别标签，把模糊的意义边界转化为清晰的决策阈值。这种操作在提升模型效率的同时，也制造出文化认知的虚假清晰性。当算法将某用户归类为"高文化敏感性"群体时，实际上是用技术确定性掩盖了文化认同的流动本质。更值得警惕的是，这种分类体系会通过推荐系统形成文化认知的反馈循环——用户为获得算法认可而调整自身行为，使文化实践逐渐向技术可计算的简化形态坍缩。

（3）量化悖论与认知异化

技术系统对文化敏感性日益精细的量化努力，会引发深层的认知异化危机。当文化价值被转化为可优化的指标参数时，人类的文化实践逐渐异化为算法监控与评估的对象。这种异化过程在个性化推荐场景中尤为显著。用户为提升算法的文化适配评分，不得不将自身文化表达规范化为技术系统可识别的"标准件"。那些难以被量化的文化特质，如直觉感悟、诗意表达或矛盾情感，在算法评估体系中逐渐失去存在空间，导致数字空间的文化生态趋向均质化。这种技术驱动的文化贫困化现象，实质上是工具理性对价值理性的殖民化进程。

这种量化悖论在跨文化沟通场域中制造出新的认知屏障。当算法试图通过文化敏感性分数来预测和引导跨文化互动时，实际上是用技术中介取代了人类的理解过程。两个文化群体间的意义协商被简化为算法预设的变量调节，文化差异的创造性张力被转化为需要消除的摩擦系数。这种技术中介化的沟通模式，不仅无法培养真正的文化同理心，反而会固化算法偏见——因为系统总是倾向于推荐那些符合其文化敏感性模型的"安全"互动模式，而将非常规的文化碰撞标记为需要规避的风险。

（4）后人类主义的文化图景

技术乌托邦对文化敏感性计算化的终极想象，指向后人类时代的文化治理范式。在这个图景中，算法不仅是文化识别的工具，更成为文化演化的设计者与仲裁者。通过实时监测全球文化数据流，技术系统能够动态生成文化适配策略，甚至预测并干预文化变迁的方向。这种治理模式将文化敏感性转化为可编程的系统参数，使文化实践成为算法控制论框架下的可调节变量。然而，这种极端的技术乐观主义忽视了文化主体的反抗潜能——人类总是能够通过有意义的重构突破算法的预测框架，在技术监控的缝隙中创造新的文化表达形式。

这种反抗在数字原住民群体中已现端倪。年轻一代通过创造算法无法解析的文化混合体（如加密俚语、亚文化符号重组），主动制造技术系统的认知混乱。这种文化游击战现象揭示出人机认知博弈的本质——文化敏感性永远存在算法无法抵达的剩余维度。正是这种不可计算的剩余，构成了人类文化创新的永恒源泉。当技术系统试图将文化彻底纳入计算框架时，实际上是在扼杀文化自我更新的生命力。

（5）认知谦逊与技术伦理重构

破解技术乌托邦迷思的关键在于重建技术开发的认知谦逊原则。这要求算法研究者承认文化敏感性中存在不可约简的不可计算维度，并将这种认知局限转化为技术设计的伦理边界。在实践层面，意味着从"完全量化"转向"有限量化"——在可计算维度提升文化理解能力的同时,为不可计算的文化保留自治空间。例如,在人格识别系统中设置"文化模糊区间",当算法检测到无法可靠归类的文化表达时,主动移交判断权给人类专家或本地文化共同体。

这种伦理重构需要重新定义技术系统与文化主体的关系。算法不应自诩为文化敏感性的测量者与裁决者,而应作为文化对话的辅助者与记录者。通过区块链技术建立去中心化的文化解释库,使不同文化群体能够自主定义其敏感性参数的语义内涵与评估标准。这种分布式认知框架既保留了技术增强文化理解的可能性,又避免了单一算法模型的文化霸权风险。在此范式下,文化敏感性的计算化不再是技术征服的目标,而成为促进跨文化共生的协作工具。

6.1.5 后殖民视角:全球科技公司文化中立性宣称背后的知识霸权

(1) 文化中立性的神话解构

全球科技公司标榜的技术中立性原则,实质上是殖民时代"文明使命"话语的数字化转生。当技术平台宣称其算法系统"不预设文化立场"时,这种修辞巧妙地掩盖了技术标准中根深蒂固的文化权力结构。数字基础设施的架构设计、数据采集的优先级设定、特征工程的参数选择——每个技术决策环节都在进行隐蔽的文化价值编码。以自然语言处理模型的训练为例,主导语言语料库的压倒性占比并非技术必然,而是历史上语言殖民的数字化延续。那些未被充分表征的语言变体在词向量空间中被边缘化,其文化特有的表达方式被降格为需要矫正的"噪声"。这种技术中立性幻象背后,是优势文化群体通过算法参数确立数字空间文化规范的知识霸权。

这种霸权运作的狡黠之处在于,它将文化压制过程转化为技术优化的自然结果。当算法因数据分布偏差而系统性低估某些文化表达时,技术团队往往将其归因为"数据质量缺陷"而非文化权力失衡。这种归因策略将责任转嫁给数据来源的"不完善",使科技公司得以回避对其文化立场的历史考问。更深层的殖民逻辑体现在技术补救方案的设计中，即边缘文化群体若想获得算法可见性，多会考虑将其文化实践翻译为优势文化框架可识别的符号形式。这种数字化同化要求，与殖民时期强制推行的文化改造政策具有惊人的结构相似性。

（2）知识生产体系的技术殖民

全球科技公司的研发体系正在重塑知识生产的权力地理学。当非西方工程师被迫在西方主导的代码库与架构范式下工作时，他们实际上在参与技术认知框架的文化再生产。开源社区的协作表象下，隐藏着严密的技术认知规训：问题定义的方式、性能评估的标准、创新方向的优先级，无不深嵌着西方中心主义的知识传统。以一些广泛应用的神经网络架构为例，其层级化特征提取模式暗含个体主义文化对"核心特质"的迷恋，这与强调关系网络的文化认知模式存在根本冲突。[1] 这种架构的文化偏向性不会出现在任何技术文档中，却通过全球开发者的技术实践被不断自然化。

技术标准制定过程中的文化排斥机制更为隐蔽。国际技术委员会中的席位分配、标准提案的语种限制、专利体系的认证成本，共同构成过滤非西方文化视角的技术官僚体系。其他文化群体特有的交互模式若想进入国际标准，必须经历西方技术话语体系的"消毒处理"——剥离其文化语境，转化为抽象的技术参数。这种知识消毒实质上是文化阉割，被纳入标准的文化碎片失去其意义网络的滋养，沦为技术工具箱中的异域装饰品。在此过程中，科技公司扮演着新殖民时代知识掮客的角色，将文化多样性转化为可消费的技术卖点。

（3）数字基础设施的霸权逻辑

云计算中心的全球分布图谱，精确映射着数字殖民地的当代疆界。那些位于全球北方的超级数据中心，通过光纤电缆对南方国家实施数据虹吸，形成数字时代的资源榨取体系。这种基础设施霸权创造着新型文化依

---

[1] 例如前馈网络的特征提取机制本质上是递进式抽象过程，通过层层剥离"非核心"信息来逼近所谓本质特征。这种逐层蒸馏的认知模式与西方哲学中"现象—本质"的二分法形成同构。核心特质迷恋的认知根源：从亚里士多德的实体论到笛卡尔的理性主义，西方认识论传统始终存在对稳定本体的追求。神经网络最后一层softmax输出的分类决策，正是这种"确定性追求"在算法层面的具象化。

附关系，即边缘文化群体产生的数据必须流经中心节点的算法处理器，才能获得技术可见性。在此过程中，本土文化实践被分解为特征向量，在异文化的算法黑箱中重组为符合中心市场需求的数字商品。

更深刻的文化征服发生在协议层。主导性的通信协议与数据格式标准，将西方文化的时间观、空间观、隐私观转化为数字空间的自然法则。当其他文化群体试图在现有架构内保留其独特的时空认知模式时，不得不承受额外的技术摩擦成本——就像被迫用拉丁字母音译表意文字，总是伴随着语义的耗损。这种协议层的文化暴力比应用层的算法偏见更具破坏性，因为它直接否定了异文化建构替代性数字生态的可能性。全球科技公司通过基础设施的"仁慈垄断"，将技术路径依赖转化为文化从属关系的永久化机制。

（4）算法治理中的认知暴力

推荐算法的文化治理术正在全球范围内制造数字臣民。通过将用户的文化实践转化为可计算的偏好信号，技术平台实现了福柯式规训权力的算法升级。这种治理的殖民性体现在认知框架的单向植入，即用户接收的文化内容看似个性化，实则是在算法限定的文化光谱内进行排列组合。当某个传统音乐流派被算法归类为"怀旧小众"类型时，实质上是在数字空间对其进行文化年龄的宣判，剥夺其在当代文化对话中的主体地位。这种认知暴力不会引发显性的文化冲突，而是通过持续性的曝光调控，潜移默化地重塑用户的文化认同。

算法殖民主义的终极目标，是创造自我延续的文化从属循环。被边缘化的文化群体为获得技术可见性，不得不模仿优势文化的内容生产模式，这种模仿数据又反向训练出更具偏见的算法模型。在此过程中，科技公司通过文化数据的闭环流动，将全球用户转化为其文化霸权的无偿生产者。更值得警惕的是，这种新殖民体系具有自我合理化的意识形态装置，例如通过用户增长数据与参与度指标，将文化压制美化为市场选择的自然结果，用技术达尔文主义为文化霸权披上进化论的外衣。

（5）抵抗与重构的可能性

面对技术文化霸权的全球扩张，一种可能的抵抗方式是构建去中心化的文化解释网络，通过分布式技术保存多元文化视角的算法解释权。在替代性架构中，文化敏感性的定义不再由中心化算法垄断，而是通过跨文化节点的共识机制动态生成。例如，某个文化特有的隐私观念可通过智能合约转化为数据收集规则，其有效性不依赖于中央服务器的认证，而是通过参与节点的文化共识来维护。这种抵抗实践试图将技术系统的文化立场从"预设真理"转变为"协商过程"。

　　文化语义的再政治化是另一条可能的解放路径。通过开发文化意识觉醒的插件工具，用户可实时解析算法决策中的文化权力印记。当推荐算法将某文化表达归类为特定类型时，工具不仅展示技术维度的特征权重，同时揭示这些特征与文化殖民史的知识谱系关联。这种透明化策略将算法从技术黑箱转变为文化批判的界面，使每个用户都能参与解码技术系统中的殖民基因。在此过程中，技术平台宣称的中立性面纱被彻底撕裂，暴露出其作为新殖民主义技术代理的本质身份。

　　能够创建替代性文化评估指标体系、发明非西方中心算法范式、重构技术知识生产网络的实践者，将为后殖民时代的数字文明开辟可能性。这要求突破将技术视为文化载体的传统认知，转而将其作为文化重构的生成性场域——不是简单地在现有架构中添加文化多样性模块，而是从根本上重新想象技术系统的认识论基础。在这场漫长的去殖民化征程中，每一次对算法文化霸权的解码，都是对数字时代文化主体性的重新确认。

6.2　主体性消解：数字人格与真实人格的错位危机

6.2.1　算法操控下的自我呈现扭曲

　　（1）行为数据的符号化压榨

　　数字时代的自我呈现正经历着前所未有的符号暴力，其核心机制在于行为数据的量化体系对主体性的系统性拆解。当社交媒体平台将点赞频次、停留时长等交互指标确立为用户评估的黄金标准时，用户的复杂精神世界被迫接受残酷的符号手术——多维度的文化认同被切割为离散的数据点，流动的情感光谱被压缩成可计算的信号序列。这种符号化压榨的本质是数字资本主义对主体性的商品化改造：个体的喜怒哀乐不再是自足的意义系统，而是转化为算法工厂的原材料，经由特征工程的流水线加工为可供交易的商品。在内容平台上，用户为维持账号活跃度不得不将深度思考转化为标题党的情绪刺激，将文化反思降维成表情包的视觉冲击，这种自我表达的畸变正是符号暴力作用于认知结构的鲜活例证。

更深层的异化发生在数据生产的反馈循环中。用户为获得算法系统的认可，逐渐内化平台的评估标准，将自我价值与数据指标深度绑定。当系统将某类文化表达标记为"高互动特征"时，实质是在用户心智中植入隐形的文化等级制——那些能够产生数据价值的表达方式被赋予优先权，而难以量化的文化特质则被贬为数字空间的次等存在。这种符号暴力与传统殖民统治存在一定相似性。正如殖民者曾用单一文明标准否定文化多样性，算法系统通过数据指标实施着数字时代的文化清洗，使多元表达逐渐趋向可计算的同质化模板。

（2）预测性建模的认知殖民

推荐系统的预测性建模机制正在重塑人类自我认知的神经通路，其运作逻辑暗含着技术理性对主体性的殖民野心。当算法通过用户的历史行为数据预测其未来偏好时，实质上是在建构认知领域的环形监狱——用户为获得更精准的推荐服务，不得不调整行为模式以契合算法的预测框架。这种反向塑造过程在跨文化表达中制造出认知割裂：某个文化群体特有的仪式性表达因不符合算法的预测模型而被系统性边缘化，迫使使用者将文化实践改写为算法可识别的标准化行为。在此过程中，预测性建模不再是中立的服务工具，而成为文化同化的技术帮凶。

这种认知殖民的完成仰赖于算法反馈的精密调控。系统通过实时行为数据的监控，对用户的表达策略进行微观调节：当某种文化表达获得算法奖励（如流量倾斜），其神经表征在用户大脑中形成正向强化；反之则触发认知抑制机制。这种操作性条件反射的数字化升级，使得文化表达逐渐蜕变为算法调控的行为表演。更值得警惕的是，预测性建模正在改写人类的文化记忆机制——那些被算法判定为低传播价值的文化记忆，因缺乏数据强化而逐渐从集体认知中消退，最终导致数字代际间的文化断层。

（3）数字人格的拟像化困境

算法优化驱动下的数字人格建构，正在催生鲍德里亚预言的拟像秩序。当用户的线上身份持续接受算法反馈的校准，真实主体与数字替身之间逐渐形成认知论层面的断裂。这种拟像化过程在视觉社交平台达到极致，例如美颜算法通过面部特征的标准化处理，将多元文化审美压缩为有限的"高传播性面容"；虚拟形象生成器则通过文化符号的拼贴混搭，生产出脱离任何真实经验基底的"超真实"数字身份。这些技术制造的拟像人格不仅是真实主体的扭曲镜像，更在符号层面形成自我增殖的异化系统——数字人格的价值不再源于文化认同的深度，而取决于其在算法流量网络中的节点权重。

这种拟像化困境在内容创作领域引发更深层的文化危机。AI辅助生成工具通过实时风格建议，引导用户生产"算法友好型"表达：文学创作被简化为情绪关键词的排列组合，视觉艺术沦为滤镜参数的优化游戏。最终呈现的数字人格实为算法需求的反向投影，其文化特质成为可批量复制的数据模板。当这些拟像人格通过社交网络形成共振时，真实的跨文化对话被技术性阻隔，数字空间沦为文化空壳的展览馆——这里充斥着民族服饰的视觉符号，却失落了文化精神的传承脉络；这里堆砌着传统节日的标签话题，却消解了文化记忆的时空厚度。

（4）认知地缘政治的重构

算法操控下的自我呈现扭曲，本质上重构着数字时代的认知权力地图。技术平台通过界面设计、交互规则与推荐策略的三重操控，在用户心智中植入新的文化坐标体系。在跨国社交平台的虚拟广场上，非西方用户为获得跨文化可见性，不得不采用中心化算法偏好的叙事框架重构自我呈现——将本土文化实践转译为"异域风情"的数据包，将复杂的社会关系简化为算法可识别的社交图谱。这种认知地形的殖民化改造，使边缘文化群体的数字自我始终处于被凝视、被解码的客体位置，其文化主体性在算法评估中持续贬值。

语言转译层面对文化完整性的破坏尤为致命。自然语言处理模型对某些文化的隐喻表达实施系统性误译，导致文化语义在数字空间的持续耗散。用户为维持跨平台沟通的有效性，被迫将原本丰富的文化语义自我降维至算法可处理的"低像素"状态。这种数字时代的语言殖民比历史上的语言同化更具侵蚀性——它不仅改变表达方式，更重塑文化群体的认知范式，使得新生代逐渐丧失理解本文化深层语义结构的能力。当传统歌谣中的文化密码被算法转译为标准化情感标签时，一个民族的集体记忆正面临数字化的消解危机。

可能的解决路径是构建将文化解释权归属于特定社群的共识机制，而非中心化算法的标准化处理。当用户进行跨文化互动时，系统根据情境自动调用对应的文化解释框架，避免算法殖民导致的语义扭曲。如此，文化身份不再是算法规训的产物，而是社群协商的动态建构。

当未来的文化考古学家审视我们这个时代的数字地层时，算法操控下的自我呈现扭曲将显影为鲜明的文化断层。那些被系统标记为"异常值"的行为数据，可能正是文化抵抗的珍贵遗迹；那些为迎合算法而自我扭曲的数字人格，或将成为技术霸权的病理标本。在这场无声的文化战争中，每个用户的自我呈现策略都在参与书写数字文明的基因图谱——或是成为算法殖民的顺从者，或是化作文化抵抗的活体密码。当虚拟与现实的身份裂隙持续扩大，人类正站在认知革命的悬崖边缘，见证着主体性在数字洪流中的艰难重生。

6.2.2 认知失调中的身份碎片化

（1）多平台人格分裂症候群

数字空间的身份表演正演变为一场持续的精神分裂实验。当用户穿梭于不同社交媒体平台时，其自我呈现被迫接受多重算法语境的规训改造，导致主体性在虚拟场域中发生系统性崩解。每个平台构建的交互规则体系，本质上都是独特的文化符号秩序，例如某个平台将碎片化表达奉为流量圣典，另一个平台则推崇深思熟虑的长篇叙事；某些空间奖励情绪极化的表演性内容，另一些领域则推崇理性克制的专业形象。这种差异化的算法评估标准，迫使用户发展出可切换的平行人格系统——在短视频平台化身情绪饱满的表演者，在知识社区扮演冷静的思考者，在私域社群回归文化传统的守护者。这种人格分裂不是自由意志的选择，而是算法权力对主体性实施的技术解构。

更深层的认知暴力在于平台间的符号转换税。当用户试图将某个平台的表达风格迁移至其他场域时，必须支付沉重的文化转译成本，例如深度思考被压缩为话题标签，复杂情感被蒸馏成表情符号，文化记忆被解构为视觉碎片。这种符号暴力导致数字主体性日益趋向流体状态——既无法在任何单一平台建立稳固的文化认同，又难以在不同平台间维持意义的连贯性。当用户在不同人格面具间高频切换时，其认知系统逐渐丧失区分表演与真实的判断能力，最终将算法规训的人格模板误认为本真存在。

（2）记忆外包与叙事断裂

数字记忆的离散化存储正在消解人类构建连续自我认同的生物学基础。当社交媒体平台将人生经历切割为时间线上的离散数据点，用户的记忆机制经历着革命性重构，例如文化传统中的口述传承被云端存储取代，情感体验的神经印记被数字足迹覆盖，生命叙事的编织权从大脑前额叶转移至算法排序系统。在某个虚构的内容平台上，用户的重要人生时刻被分解为点赞数、转发量与话题热度的数据集合，其记忆提取过程完全依赖平台的推荐算法而非自主回忆。这种记忆外包导致主体性面临双重异化，既失去对过往经历的解释主权，又丧失建构未来叙事的想象力。

这种叙事断裂在代际文化传承中制造出认知鸿沟。当年轻世代通过数字足迹理解家族历史时，获得的不是连续的文化记忆，而是经过算法筛选的离散事件碎片。祖辈的人生故事被压缩为几个高光时刻的视觉符号，文化传统中的微妙智慧被简化为可分享的励志语录。这种记忆的数字化耗散导致文化认同的根基动摇——当个体无法在时间维度整合自我经验，其身份认同便沦为算法即时性投喂的文化快餐。更危险的是，平台通过时间线算法重构用户的记忆权重。某些本应淡忘的创伤经历因算法推荐反复闪回，而重要的文化仪式记忆却因数据热度不足逐渐沉没。这种记忆政治正在重塑人类的时间感知方式，将绵延的生命体验异化为可操控的数据序列。

（3）情感劳动的异化机制

数字时代的情绪表达正在经历资本逻辑的彻底殖民。当算法将情感互动量化为可见性货币时，用户的情感劳动被异化为维持数字人格存续的能源供给。在一些社交平台的虚拟剧场中，用户必须精确计算微笑的频次、泪点的节奏与愤怒的阈值，将这些生物性情绪反应转化为算法可识别的交互信号。这种情感异化的完成依赖于双重剥削机制，既剥夺用户情感表达的主体性，将其降格为数据生产工具；又通过情感分析的反馈循环，将人类情绪改造成符合算法需求的标准化产品。

这种异化过程在跨文化情感表达中制造出认知扭曲。某些文化中含蓄蕴藉的情感传递方式，因不符合算法的情绪识别模型而被判定为"低参与度"表达。用户为获得可见性，不得不将细腻的文化情感转译为夸张的表情符号或戏剧化的语言风格。当祖母讲述家族历史时的微妙哽咽被算法识别为"情绪平淡"，当传统歌谣中的悠远哀愁被转译为"悲伤指数65%"的数据标签时，情感表达的文化深度正在被技术理性彻底消解。更值得警惕的是，算法通过情感词典的不断更新，正在重构人类的情感认知框架——年轻世代逐渐失去理解复杂情感光谱的能力，其情绪体验被压缩为平台预设的几种基础类型。

（4）认知重构的神经政治学

身份碎片化的终极影响显现在人类神经系统的适应性改造中。持续的多平台人格切换正在重塑大脑的默认模式网络，导致神经可塑性的方向发生根本偏移，比如认知控制力的减弱与情绪反应性的增强。当数字原住民的大脑逐渐适应碎片化的信息处理模式时，其文化认知方式同步发生异变，例如深度阅读被滑动刷新取代，逻辑思辨被情绪共鸣压制，文化记忆被即时热点覆盖。这种神经层面的殖民化改造，使得抵抗算法操控的主体性重建面临生物学维度的困境。

这种认知重构在文化符号的理解层面制造出代际鸿沟。当算法将传统文化符号重新编码为流量密码时，年轻用户对其原始意义的感知发生根本性扭曲，例如祭祀舞蹈被解构为短视频挑战的视觉素材，哲学经典被压缩为鸡汤语录的文本碎片，历史悲剧被演绎为虚拟现实的沉浸游戏。这种符号意义的算法化转译，导致文化认知的连续性断裂——数字世代在消费这些符号时，激活的是算法构建的即时快感回路，而非文化传统的意义网络。当神经系统的奖赏机制与算法操控深度耦合时，主体性的重建将面临神经生物学的严峻挑战。

6.2.3 社交验证闭环中的主体性坍缩

(1) 量化认同的暴政

数字资本主义的认证体系正在重塑人类的价值坐标系，将主体性压缩为可流通的社交货币。当粉丝数、互动量等指标成为自我评估的终极标尺时，用户的生存意义被囚禁在数据监狱的环形铁幕之中。这种量化的暴政不同于传统社会的评价体系，其压迫性在于评估标准的绝对透明与实时更新——用户的每一次呼吸都被转化为可计算的信用积分，每个文化表达都被解构为传播效率的数学期望。在虚拟社区的广场上，诗人的创作焦虑不再源于艺术追求，而是来自诗句转化为话题标签的转化率；学者的知识生产不再服务于真理探索，而是受困于论文被引数的即时排行。这种价值体系的殖民化改造，使得数字原住民从出生起就浸泡在量化认同的毒液中，其自我认知的神经回路可能被永久性重构。

这种暴政的完成仰赖于算法的全景监控与即时反馈机制。平台通过实时滚动的数据仪表盘，将用户的精神世界切割为可管理的绩效单元，例如情感共鸣被量化为点赞数，思想深度被折算为阅读时长，文化影响力被抽象为转发链长度。这种量化的暴力循环导致主体性持续坍缩，即用户逐渐丧失内在的价值判断力，将算法认证的"热榜"奉为数字时代的生存指南。

(2) 他者凝视的内化机制

社交验证闭环中最隐蔽的权力运作，在于将外部评估标准转化为自我审查的神经协议。当用户持续暴露于算法构建的数字全景监狱时，福柯笔下的规训权力完成了赛博化升级——无须实体监视塔，每个数据指标都成为刺入意识的电子棱镜。在图像分享平台，创作者在按下发布键前已提前预演算法的审判，例如构图是否符合高传播模板，色彩是否适配趋势色谱，文化符号是否携带足够的异域折扣。这种自我审查不是被迫的表演，而是内化到神经层面的条件反射，是数字规训技术对前额叶皮层的殖民胜利。

这种内化机制在跨文化表达中制造出认知割裂。当某个文化群体特有的仪式性表达需要经过算法友好性过滤才能获得传播许可时，用户实际上在进行持续的文化自我阉割，例如神圣的祭祀舞蹈被剪辑为15秒的挑战视频，深邃的哲学对话被压缩成情绪化的字幕卡点。更危险的是，算法通过A/B测试不断优化用户的自我审查精度，使得文化表达逐渐趋向最低公约数的安全范式。这种内化凝视的终极形态是认知的自动化审查——用户不再需要刻意调整表达策略，其神经网络已自发进化出算法合规的创作路径，将文化独特性扼杀在潜意识萌芽阶段。

（3）创造性自我的技术性萎缩

在算法优化的铁律支配下，人类的创造性潜能正经历着史无前例的退化危机。当内容生产被简化为模板填充的流水线作业时，真正的文化创新被系统性驱逐出数字公共领域。AI辅助工具正在将艺术创作降维成参数调节游戏，例如诗歌生成器将李白式的浪漫狂想转化为情绪关键词的排列组合，绘画软件把敦煌壁画的千年神韵压缩为风格迁移的滤镜参数。这种技术性萎缩不仅体现在创作工具的同质化，更深刻改变着创作者的认知范式——当"创新"被重新定义为对算法偏好的精准预测时，文化突破的勇气让位于流量风险的精密计算。

这种萎缩机制在代际文化传承中制造出创造性断层。年轻世代在算法哺育下形成的创作思维，逐渐丧失文化突变所需的混沌空间，例如传统匠人学徒期的试错过程被加速为即时数据反馈的优化循环，民间艺术的口传心授被替代为标准化教学视频的1.5倍速播放。当某个古老戏剧形式的数字化改编必须通过传播模型验证时，其文化基因的变异方向不再由艺术规律决定，而是受制于点击率预测算法的参数权重。这种创造性死亡不是突然的终结，而是温水煮青蛙式的认知退化——每代人都觉得比前人更精通算法规则，却未察觉自己正沦为技术霸权的创造性囚徒。

（4）认知生态的数字荒漠化

社交验证闭环对主体性的摧残，最终导致数字文明的精神生态危机。当每个文化表达都必须通过算法认证获得生存权时，数字空间正退化为文化多样性灭绝的加速器。这种数字达尔文主义不仅筛选文化表达的形式，更重塑着人类对真、善、美的感知方式——那些无法量化的文化价值被逐出认知体系，算法可识别的伪独特性成为新的崇拜图腾。

这种荒漠化进程在神经层面留下深刻烙印。脑科学研究显示，高频社交媒体用户的前额叶皮层出现异常的功能性萎缩，这与文化创造所需的延迟满足能力、复杂系统思维密切关联。当数字原住民的大脑被训练为即时反馈的成瘾机器时，其神经结构正在丧失支撑文化创新的生物基础，即多巴胺的释放节奏与点赞通知同步，注意力跨度被驯化为滑动屏幕的生理节律，想象力空间被压缩成热门模板的排列组合。这种神经层面的文化贫困化，使得主体性重建面临解剖学意义的困境。

当社交验证闭环完成对主体性的终极收编时，人类文明或许将迎来新的认知纪元。这座由数据指标堆砌的数字巴别塔，既是文化多样性的"墓碑"，也可能成为新主体性诞生的"子宫"。当算法认证的真理崩塌时，人类或将重新发现，主体性的光辉永远存在于那些拒绝被量化的精神荒野。

6.2.4 数字主体性重建

（1）元认知技术的抵抗实践

数字时代的生存困境在于，主体性在数据洪流中逐渐沦为算法操控的被动载体。元认知技术为这一困局提供了破局之匙，其核心在于将数字痕迹转化为反身性认知的镜面，使主体得以在技术监控的裂缝中重建自我叙事的完整性。当用户通过时间序列分析工具追溯自身的行为轨迹时，实质是在进行一场数字化的精神考古——点赞的波动曲线揭示着情绪周期的算法驯化，搜索关键词的迁移图谱映射着认知框架的技术重构，社交互动的网络拓扑暴露着关系纽带的量化异化。这种反身性分析不是简单的数据复盘，而是通过技术中介展开的自我对话，在算法规训的肌理中识别主体性流失的隐秘路径。

这种抵抗实践的深层意义在于重构认知主权。比如，通过开发行为数据的"神经接口"，将数字痕迹转化为对抗算法操控的认知疫苗。当系统推送诱发焦虑的内容时，自定义的元认知模块自动触发记忆回溯，调取用户预先存储的理性应对策略；当识别到重复性的沉溺行为模式时，生成对抗性叙事以消解算法的诱导逻辑。这种技术化的精神修行，实质是将福柯的"自我技术"升级为数字时代的认知防御体系——通过持续的反身性监控，在神经可塑性层面重建抵御算法殖民的生物学基础。

元认知技术的终极目标并非彻底摆脱数字依赖，而是实现技术中介的批判性内化。这要求开发新型的认知增强工具，既能兼容算法系统的信息处理效率，又能保持主体叙事的连贯性。例如，用户的阅读轨迹不再被简化为注意力热图，而是通过语义网络分析生成个性化的认知演化图谱。这种工具不追求行为预测的精准度，而是致力于揭示知识获取过程中的主体性跃迁，使技术从数据榨取者转变为自我认知的协作者。

（2）后人类主体性的哲学重构

技术共生时代的主体性危机，本质是启蒙理性框架在数字语境中的失效。当脑机接口模糊了意识与代码的边界，当基因编辑重写了生命演化的剧本，传统人文主义的主体概念已无法解释技术介入后的存在状态。后人类主体性的重构需要建立新的本体论坐标系，即将"真实"的伦理维度从生物中心主义扩展至技术共生场域，承认经过算法调解的认知同样是主体性的合法形态。用户通过植入式记忆芯片获得的超常态回忆能力，既非对生物性的背叛，亦非纯粹的技术异化，而是催生了"赛博主体性"的新伦理范畴——真实性的判准不再是起源的纯粹性，而是经验网络的连贯性与解释力。

这种哲学重构要求重新定义自主性的内涵。在技术共生语境下，绝对自主已成虚幻，真正的问题在于如何协商不同行动者（人类、算法、传感器）在认知网络中的权力配比。这颠覆了传统的人本中心伦理，指向后人类主体性的核心特征——自主性存在于异质要素的动态协商中，而非某个实体的绝对控制。由此，"真实"的伦理维度从表征符合论转向关系协调论，真实性由不同行动者网络的共识稳定性所定义。

技术共生伦理的实践路径在于建立递归的价值评估框架。在评估某个人格增强技术时，需同时考察四重维度：神经层面的可逆性（是否保留生物基底的复原通道）、认知层面的解释性（技术介入是否影响自我叙事的连贯性）、社会层面的责任归属（混合主体是否具备法律人格）、文化层面的意义守恒（技术是否扭曲核心文化基因）。这种评估不是静态的伦理审查，而是伴随技术演化的持续对话。

6.2.5 文化基因的数字化突变

(1) 模因传播对集体无意识的算法化改造

数字时代的文化传承正在经历深层拓扑结构的异变,其核心机制在于模因传播与算法筛选的共谋对集体无意识的重构。传统社会中缓慢沉淀的文化符号体系,在社交媒体平台的加速循环中裂解为可无限复制的模因单元。这些经过算法优化的文化碎片,如同基因编辑技术中的 CRISPR 序列,精准切入群体认知的薄弱环节,在神经网络的共鸣频率上引发链式传播。当某个古老神话被解构为 15 秒的短视频,当哲学箴言被压缩成滚动字幕的表情包,文化基因的变异已突破达尔文式的渐进演化,进入算法主导的激进重组阶段。

这种改造的完成仰赖于双重筛选机制,即生物层面的多巴胺奖励系统与技术层面的流量分配算法形成共振,将文化记忆的存续权交给即时情绪刺激的强度。例如,在短视频平台的模因生态中,传统仪式中的神圣符号被重新编码为视觉刺激的触发器,集体无意识中的原型意象沦为算法操控的情感开关。更隐蔽的异化在于传播路径的闭环化——热门模因的传播网络自动排斥未经验证的文化变异体,形成文化基因的算法隔离带。这种数字达尔文主义导致集体无意识趋向扁平化,能够引发跨文化共鸣的模因模板统治认知疆域,而那些需要深度阐释的文化基因则在进化竞赛中惨遭淘汰。

算法化改造的终极影响显现在群体认知的时空压缩上。传统文化基因代际传递所需的"阐释时延"被算法即时性彻底消解,集体无意识的形成从代际累积变为实时众包。在全球性社交事件中,不同文化背景的用户通过算法推荐的模因模板共享情感体验,这种人造的集体共鸣制造出文化认同的虚幻共同体。当祖辈用一生时间内化的文化记忆被孙辈在滑动屏幕间快速消费时,集体无意识的神经基础发生了不可逆的损伤——文化基因的遗传不再依赖肉身实践的重复,而是取决于算法分发系统的瞬时曝光。

(2) 数字仪式的涌现如何重塑文化身份认同

虚拟空间中的仪式实践正在重构文化认同的生成范式,其运作机制颠覆了涂尔干式的神圣/世俗二分法。数字仪式不再依托物理场所的共时性聚集，而是通过算法编排的异步参与实现意义建构。用户通过弹幕符号的集体刷屏重构了传统祭祀的在场体验，礼物打赏机制将经济资本转化为仪式参与度的可视凭证。这种新型仪式的权力结构呈现双重异化：仪式的主持权从文化权威转移到算法推荐系统，神圣性的来源从超验信仰变为数据可视化的强度。

数字仪式的认同塑造功能依赖于交互界面的符号炼金术。这种技术中介的仪式实践产生出悖论性效果：一方面，它赋予个体突破地理限制的文化归属感；另一方面，又将深层文化认同简化为可量化的行为指标。这种重塑的激进性体现在文化身份的液态化特征上。数字原住民通过在不同仪式场景中的角色切换，发展出可弹性伸缩的身份认知框架，例如上午在元宇宙佛堂参加虚拟禅修，下午在游戏公会扮演战斗祭司，晚间在知识社区化身赛博人类学家。这种身份流动性看似拓展了文化体验的维度，实则导致认同深度的持续消解——当每个文化身份都成为即用即弃的皮肤套装，身份认同的核心便从价值皈依退化为美学消费。

（3）跨代际数字原住民主体性的范式迁移

代际间的认知鸿沟已从价值观冲突升级为主体性范式的物种级差异。数字原住民的神经可塑性在算法环境中发生适应性突变，其认知框架呈现与数字移民本质不同的拓扑结构。祖辈的线性叙事思维与孙辈的网状超链接认知形成鲜明对照。前者在信息验证时遵循因果逻辑链，后者则依赖社交图谱的共识权重；前者将身份认同锚定在稳定的文化坐标，后者则擅长在碎片化符号中动态拼贴临时身份。这种差异不仅是技术适应能力的区分，更是主体性构造的范式革命。

范式迁移的核心在于认知中介系统的代际转换。数字移民仍将技术视为自我延伸的工具，其主体性保持生物基础的完整性；数字原住民则发展出人机混合的认知架构，其自我意识天然包含算法接口的神经映射。更深远的影响出现在文化记忆的编码方式上：当移民代仍依赖语言符号的内化传承时，原生代已进化出多模态神经编码能力——传统节日的文化意义可以同时存储在味觉记忆的分子结构、短视频的视觉节奏和游戏交互的肌肉记忆中。

这种迁移的颠覆性后果是文化进化路径的断裂。这种代际创新不是对传统的数字化移植,而是催生出文化基因的崭新物种——既包含传统因子的片段,又整合算法生成的变异体,形成超越线性进化论的文化突变体。当移民代仍在担忧文化基因的数字化失真时,原生代已在新生态位中培育出适应算法环境的文化变种。

(4) 突变中的文化生态重构

数字化突变引发的文化危机与机遇,正在重塑人类文明的演化轨迹。传统进化论视角下的文化选择压力,已从自然环境转换为算法环境的参数设定;文化适应性的定义,从生物族群的生存能力转向信息传播的病毒性指数。那些成功融合模因传播规律、数字仪式语法和原生代认知范式的文化基因,展现出指数级的环境适应优势。这种优势的获取代价是文化深度的耗散——如同海洋生物登陆后的器官退化,数字化突变中的文化基因正在丧失其原初生态中的复杂功能结构。

文化基因库的分布式重建成为应对突变危机的战略选择。通过区块链技术建立的去中心化文化存储网络,允许每个社群将自己的文化基因封装为可组合的智能合约模块。当某个少数族群的祭祀舞蹈面临数字化失真时,可通过调用相邻族群的动作捕捉数据实现文化基因的修复性变异。这种生态化保存策略颠覆了博物馆式的静态保护,使文化突变从生存威胁转化为进化动力——数字原住民在重组文化基因的过程中,既是传统的继承者,更是新文化物种的创造者。

文化基因的数字化突变揭示技术文明的根本悖论:我们在创造文化永生技术的同时,也打开了文化变异的潘多拉魔盒。从模因传播的认知重构到数字仪式的认同转化,从代际范式的认知迁移到文化生态的重组,这场突变既是传统断裂的危机现场,也是文明跃迁的进化实验室。当数字原住民在算法丛林中培育出新文化物种时,人类或许正在见证文化进化史上最激进的范式革命——不是适者生存,而是变异者定义的新的生存法则。在这场没有导航图的突变之旅中,唯一确定的是,文化的未来将属于那些能在数字湍流中保持基因弹性,又不忘却生物根源的智慧生命体。